Je viens
de toutes mes enfances

DU MÊME AUTEUR

AUX ÉDITIONS ALBIN MICHEL

Papa, maman, écoutez-moi vraiment

Je m'appelle toi

T'es toi quand tu parles

Bonjour tendresse

Contes à guérir, contes à grandir

Heureux qui communique

L'Enfant Bouddha

Charte de vie relationnelle à l'école

Communiquer pour vivre

C'est comme ça, ne discute pas !

En amour, l'avenir vient de loin

Éloge du couple

Tous les matins de l'amour… ont un soir

Les Mémoires de l'oubli (en collaboration avec Sylvie Galland)

Paroles à guérir

Pour ne plus vivre sur la planète Taire

Car nous venons tous du pays de notre enfance

Contes à aimer, contes à s'aimer

Dis papa, l'amour c'est quoi ?

Oser travailler heureux (en collaboration avec Christian Potié)

(Suite en fin d'ouvrage)

Jacques Salomé

Je viens de toutes mes enfances

Albin Michel

LA VIE d'un enfant est la résultante étonnante d'une succession de miracles et de mystères dont nous ne percevons, nous les adultes, qu'une infime parcelle, celle qu'ils peuvent nous montrer ou qu'ils veulent bien nous révéler.

Échanger avec un enfant, c'est être capable d'une double écoute. La première est de pouvoir entendre ce qu'il tente de nous dire de lui-même, en se centrant non pas sur ce qu'il a fait mais en écoutant la façon dont il l'a vécu. La deuxième sera de pouvoir entendre ce qui résonne en nous (à l'intérieur), ce qui retentit avec (nous revient en écho de) notre propre histoire d'enfant (enfant du dedans). Quand il nous parle, un enfant nous parle de lui (enfant du dehors). Parfois, d'ailleurs, le retentissement est tel que les deux enfants (l'ex-enfant en nous et l'enfant en face de nous) sont confondus. Si bien que tout s'embrouille et que nous n'entendons plus rien de ce que l'enfant avec lequel nous échangeons tente de nous dire.

Nous ne savons jamais ce que nous réserve le passé !

Je viens de toutes mes enfances

NOS ENFANCES secrètes et labyrinthiques sont le terreau vivifiant ou mortifère de notre devenir. Nos enfances multiples et sauvages sont l'humus fertile capable de nourrir notre croissance ou les survivances enclavées du passé qui hantent notre présent sous forme de résurgences insolites et parfois détonantes.

≈

Certains coups de tonnerre sont silencieux, surtout quand ils éclatent à l'intérieur. L'éclair vient de plus loin encore, du fin fond de notre enfance, des lointains silencieux de l'oubli – illuminant un instant les ténèbres apeurées du présent…

Les temps de l'enfance

LES TEMPS de l'enfance ne sont pas linéaires ou continus, ils avancent par saccades, par bonds prodigieux et aussi par reculs. Ils peuvent être à l'affût de toutes les tendresses comme de toutes les violences, de toutes les attentes comme de tous les refus. Ils sont capables de végéter, de stagner durant de longues périodes, puis de se réveiller pour se projeter avec avidité sur un espace de notre présent à redécouvrir, à vivre autrement et peut-être, pourquoi pas, à prendre le risque de vivre à pleine vie.

Les présents de l'enfance sont infinis. Il s'agit parfois d'un présent bien installé, bien établi, formaté et cadré et d'autres fois d'un présent plus instable, plus labyrinthique. Un présent à visages multiples qui peut se révéler versatile, mouvant, étonnant, quelquefois détonant.

LES TEMPS de l'enfance sont parfois longs, très longs avant de déboucher sur un devenir adulte. Car les enfances mûrissent lentement, se dispersent et s'évadent dans des directions opposées, se heurtent à une réalité souvent incompréhensible, se perdent dans des attentes contradictoires. Les temps de l'enfance s'éparpillent ou se rassemblent, se dissolvent ou s'épanouissent vers des rêves et des tentatives d'être.

Ce n'est que plus tard qu'ils se transforment en souvenirs dans lesquels nous tentons, parfois pathétiquement (avec ou sans psychothérapie), de puiser un sens, pour mieux entendre les errances de notre existence. Qu'importe si par la suite notre mémoire modifie nos souvenirs, les embellit ou les assombrit, les sélectionne, les amplifie ou les minore, c'est l'impact de leur trace qui nous dynamise ou nous inhibe, nous rend créatifs ou nous appauvrit en absorbant toutes nos énergies pour nous défendre et survivre.

Ces temps de l'enfance sont déposés en nous pour toujours. Ils forment la trame inusable de nos existences tissées de rencontres magiques ou toxiques, de séparations nécessaires, inévitables, imposées ou choisies, de rêves innombrables, de projets féconds et de quelques réalisations.

LES TEMPS de l'enfance au gré des heures et des jours, à travers l'incroyable remue-ménage d'expériences inédites, forment le matériau socle de notre mémoire, sans cesse réactivable tout au long de notre vie. Et paradoxalement ce sont les traces les plus anciennes, tout au début de notre existence extra-utérine, avant l'apparition du langage, qui vont rester les plus vivaces, les plus fécondes.

Les temps de l'enfance n'obéissent pas au temps des horloges, ils imposent leur rythme et leur durée propres, sans autre loi que la nécessité impérieuse d'un vécu apparemment chaotique qui, en se répétant, cherche à se faire entendre, à se ramifier, à s'organiser en réseaux, pour tisser la trame et la chaîne de liens nouveaux... d'où émergeront des ensembles de plus en plus complexes qui, semblables à des pièces de puzzle, s'emboîteront, s'ajusteront et viendront donner sens à ce qui nous arrive en termes de futur ou de devenir.

≈

« La mémoire est ce qui en nous est en sommeil, elle est notre eau dormante. »

J.-B. PONTALIS

Les saisons de l'enfance

AH, QUE LES ÉTÉS étaient chauds, longs, amples dans quelques-unes de mes enfances ! Avec des journées immenses, plus vastes que la simple durée des heures.

Que les hivers étaient froids, incisifs, imprévisibles, avec des jours si courts, quand nous courions après le vent sans pouvoir le retenir !

Que les printemps étaient suaves, odorants, vifs, chargés de projets, quand nous tentions de défier le ciel avec nos cris et d'apprivoiser l'imprédictible avec nos rires fous ! Je revois encore dans mes yeux des soleils couchants qui me donnaient envie de pleurer de bonheur car ils annonçaient que les journées rallongeaient, devenaient plus stables.

Que les automnes étaient colorés, ombrageux, jaloux d'un horizon qui se dérobait au point de rétrécir le jour dès le matin et d'enfermer trop vite l'avenir d'un présent si incertain !

Que nos saisons secrètes étaient parfumées de miel et d'offrandes généreuses, bercées par du sable chaud, parcourues de cabrioles, de cavalcades et d'abandons échevelés ! Que nos horizons s'obscurcissaient soudain, envahis de tristesses incompréhensibles, de chagrins violents inexpliqués mais si denses ! Que nous étions des chevaliers au courage sans borne, des princesses à la beauté éternelle, des rois magnifiques, des reines scintillantes, et en même temps des mouflets dont la morve, les écorchures et les pleurs trahissaient le désarroi, révélaient les doutes, les peurs et les incertitudes.

AH, LES SAISONS ! L'automne tumultueux, avec ses vents fous, les cieux déchirés et les immenses fleuves immobiles et bruissant de feuilles mortes qui nous engloutissaient jusqu'à la ceinture.

Le printemps lumineux et ses pluies torrentielles, imprévisibles, qui nous permettaient de construire des barrages en haut de certaines rues en pente, pour y faire naviguer de frêles esquifs bricolés à partir de brindilles, de coques de noix ou de débris de vieux cageots. Au printemps nous retrouvions nos sacs de billes (pour en gagner encore plus). Les billes étaient nos munitions pour les grands affrontements avec les gitans qui allaient réapparaître après les vacances de Pâques. Nous reprenions aussi, avec l'apparition des beaux jours, l'entraînement qui consistait à tirer à la fronde ou à la main sur une vieille chemise ou un pantalon suspendus à une branche.

L'hiver avec sa froidure dépouillait de toute intimité tous nos lieux de rencontre et nous propulsait dans des courses folles aux confins de la ville, pour allumer, à l'orée de quelques bosquets, dans des creux ou des crevasses secrètes, des feux qui illuminaient nos yeux d'espérance. C'est en hiver que nous parlions, que nous nous racontions ce que seraient nos vies si nos parents étaient autrement, si nous étions nés ailleurs, en Chine, en Mongolie, en Afrique noire ou encore chez les Esquimaux, dont on disait qu'ils dormaient tout nus et prêtaient leurs femmes aux voyageurs. C'est en hiver que nous éprouvions le besoin de réinventer nos vies, de les colorer, de les embellir pour éviter l'enfermement trop oppressant et sinistre des jours trop courts. Les autres saisons, nous étions plutôt dans l'action, dévorant les journées, impatients du lendemain, anticipant jusqu'à plusieurs jours à l'avance des bagarres ou des coups à faire.

JE RETIENS aussi de mes enfances la surprise, chaque fois renouvelée, des cieux qui traversent le ciel. Je sais qu'il est des enfances lumineuses et d'autres plus obscures, des enfances angéliques auxquelles on peut se référer longtemps pour donner à sa vie quelques ancrages plus solides, des enfances nostalgiques qui ressurgissent les soirs de vague à l'âme au mitan d'une existence d'adulte, ou encore des enfances dévastées par la violence, ravagées par les manques et l'indifférence, marquées du sceau de la peur ou de l'abandon, dont les réminiscences peuvent blesser à chaque instant des projets ou des rencontres.

Il est des enfances sans joies et sans rires, de celles qui seraient capables d'engloutir à elles seules et à jamais le présent et le futur d'un être, mais qui vont cependant parvenir à laisser naître un homme nouveau, une femme neuve qui auront à se mettre au monde eux-mêmes après quelques années d'errance. Comme si pour eux le temps de l'enfance était semblable à des exuvies translucides accrochées aux brindilles d'un chemin de vie, telles que l'on peut en voir au début de l'été quand une cigale sort des vestiges d'une autre vie, d'un autre monde, pour accéder à son existence de cigale.

Il appartiendra à ces rescapés de l'enfance de tirer une leçon des choses de la vie et peut-être d'en partager les découvertes avec leurs enfants ou leurs petits-enfants. Ce que je fis parfois avec les miens, pas assez souvent peut-être, afin de leur transmettre suffisamment d'énergie et de foi en l'existence pour les aider à créer leur propre vie.

Je sais aussi qu'il est des enfances douloureuses, dans lesquelles l'indicible a côtoyé l'insupportable, des enfances meurtries qui vont se réparer ou se cicatriser quand elles seront prises en charge, plus tard, avec bienveillance et respect, par l'écoute attentive et vigilante d'un ami, d'un thérapeute ou par l'ex-enfant devenu adulte qui aura le courage de se prendre en charge lui-même pour restaurer son passé.

Et quand Barbara, merveilleuse chanteuse, nous murmurait, penchée sur son piano, cachant ainsi et révélant en même temps ses propres blessures : « Car parmi tous les souvenirs, ceux de l'enfance sont les pires. Ceux de l'enfance nous déchirent. » Je crois que ce faisant, tout en nous enchantant de sa voix, elle cicatrisait sa souffrance et tentait de se réconcilier avec une enfance qui fut dans son cas terrifiante. En ce sens, elle est semblable à de nombreux créateurs. Elle adresse à son public à travers ses chansons un écho de son drame intime qu'« auraient perçu, écrit Philippe Grimbert dans *Chantons sous la psy*, les amazones prenant d'assaut les scènes où [elle] se produisait, sensibles à ce secret message et lui vouant, pour cette raison même, un amour inaltérable ».

IL EST des enfances comme les miennes, compliquées et imprévisibles, chaotiques et labyrinthiques, qui se cherchent encore, des années plus tard, dans chaque instant d'un passé qui surgit par à-coups, s'impose, se dérobe ou se prolonge pour m'habiter encore et encore.

Quand on demandait à ma grand-mère d'où elle venait, elle répondait, après un infime temps d'hésitation : « Je viens du pays de mon enfance. » Oserais-je dire aujourd'hui que mon enfance vient de plusieurs pays, qui se sont aimés ou haïs, rapprochés ou éloignés, associés ou combattus au rythme de mes découvertes ? Car mes enfances ont des sources visibles et d'autres plus secrètes dont je découvre, sur le dernier versant de ma vie, l'importance, les influences si nécessaires, la générosité si pleine, la ferveur jamais épuisée.

Mes enfances en effet sont multiples, mélangées et incomplètes, fugaces et éternelles comme chacun de mes souvenirs. Elles me semblent appartenir à des âges différents, à des périodes morcelées et cloisonnées de mon existence, comme si, enfant déjà, j'avais eu plusieurs vies à vivre en même temps.

Ma mémoire en ce qui les concerne est semblable à un cours d'eau qui se renouvelle sans cesse, seules les rives en sont fiables et les berges repérables. Mais elles s'éloignent chaque jour davantage, prennent du recul, et mon regard n'a plus la même acuité pour les reconnaître et les garder encore un peu en moi.

≈

« Les choses de l'enfance ne meurent pas,
elles se répètent comme des saisons. »

ELEANOR FARJEON

Les lieux de mes enfances

DANS MES SOUVENIRS, qui sont, suivant les jours, tour à tour lumineux et sombres, parfois éclatés et parsemés d'errances ou ouverts sur l'immensité d'un ciel qui contiendrait toutes les promesses à venir, mes enfances sont déposées comme en attente d'être redécouvertes, sauvées de l'oubli ou simplement entendues. En attente non pas d'être magnifiées mais acceptées inconditionnellement, sans réserve ni jugement. Pour être enfin reconnues.

Il y a tout d'abord des souvenirs diffus, des traces d'odeurs, des alternances de lumières, des étreintes furtives, du chaud et du froid, et déjà de la faim. Flashes, images, bruits me semblent être reliés à la pouponnière de l'Assistance publique où je suis resté durant les dix-huit premiers mois de ma vie. Lieu animé d'une vitalité angoissée (habité par deux ou trois douzaines de jeunes filles enceintes ou ayant déjà accouché), éclairé jour et nuit (par des lumières non tamisées, trop crues, débordantes d'intrusion), chargé d'odeurs aigres (trop de bébés en mal d'amour) et de relents d'eau de Javel. La propreté devait être, à cette époque, le soin principal donné aux enfants de l'AP, un souci d'hygiène prioritaire sur d'autres besoins méconnus. L'amour, dans ce milieu, n'était pas rare, mais il était éphémère et surtout maladroit. C'était un sentiment incertain, peu fiable, trop compliqué, qui de plus ne pouvait être donné et reçu par n'importe qui.

Mais dans ce lieu où le malheur côtoyait le désespoir, où l'espoir se noyait dans des attentes désespérées, il y avait cependant pour moi un espace privilégié, unique, contenu dans les deux bras frais et satinés de ma mère. Un espace protégé par son ventre doux, bercé par sa respiration. Il y avait encore, le soir venu, quand sa journée de travail était terminée, son regard immobile, apaisé, qui me recouvrait comme un ciel, m'enveloppait délicatement, douillettement tel un voile protecteur. Je crois que je me protégeais déjà contre l'abandon ou le rejet. Je me vis sur la défensive, ouvert et fermé à la fois contre un imprévisible que je pressens néfaste, malfaisant malgré des marques de bienveillance et d'amour qui sont de véritables berceaux de tendresse. « Toutes les filles en attente d'accoucher voulaient te tenir dans leurs bras, elles s'imaginaient pouponnant, te choyaient, s'exerçant à dispenser en avance tout l'amour destiné à l'enfant qui allait sortir d'elles… »

ET PUIS, un beau jour, ma mère est lancée dans la vie, elle quitte l'Assistance publique. Elle est censée, au seuil même de ses vingt et un ans, un 15 décembre, être autonome, ne dépendant plus que d'elle-même. C'est une adulte au titre de la loi. Ses copines et elle ont fêté Noël avec onze jours d'avance. Elle se retrouve libre mais esseulée, non pas à la rue, mais tout proche du pavé. Elle a droit de bénéficier, trois jours durant, d'une chambre dans un immeuble de la périphérie toulousaine. Pendant près de trois ans, je vis près d'elle dans une chambre sombre, aux volets toujours fermés. C'est une pièce en rez-de-chaussée, donnant sur une impasse calme. Je joue sur des pavés herbus, dont je lèche la rouille ou le sel déposés par le temps. J'ai le souvenir que ce goût âcre me convient. Une mémé très brune, toute en os, prend soin de moi. Elle a des doigts très secs et un tablier immense dans lequel je peux dormir. Elle ne sait dire que quelques mots, toujours les mêmes : « Mon pauvre *pitchounet*, la vie qui t'attend n'est pas faite pour toi, prépare-toi, prépare-toi, les hommes ne sont pas bons… » C'est ainsi que très tôt j'ai dû penser que si les hommes n'étaient pas bons, les femmes pourraient l'être !

Un jour au petit matin, c'est enfin « chez nous », un logement de trois pièces dans une vraie maison, « sur les allées Charles-de-Fitte », comme on disait à Toulouse. Tout près du quartier très populaire Saint-Cyprien et pas très loin de la place dite du Fer-à-Cheval, avec la Garonne à deux cent vingt-cinq mètres ! Du côté des allées nous sommes au niveau des caves, du côté jardin de plain-pied avec un potager et trois arbres centenaires, plus un cerisier généreux. C'est un petit appartement avec quatre fenêtres et une porte vitrée qui ferme mal.

Je rêve quelquefois, encore aujourd'hui, que cette porte sans clé peut laisser entrer n'importe qui et ce risque me tient sur le qui-vive, m'agite, me tourmente. Je ne parviens pas à me sentir tout à fait en sécurité, ni vraiment protégé contre l'irruption possible d'un intrus. Dans ces rêves je cherche frénétiquement, sans jamais le trouver, le moyen de bloquer la porte, d'empêcher l'imprévisible de pénétrer dans cet appartenant, que je vois avec les mêmes meubles de mon enfance, mais toujours désert. J'en suis le seul gardien ou habitant.

Ce logement modeste mais propre comporte, outre la cuisine et le petit couloir de l'entrée, la chambre de ma mère et la mienne en retrait, sans fenêtre, plus sombre, mais dont je connais chaque centimètre par cœur. Il y a une plinthe qui peut pivoter et révéler ainsi un trou à trésor. J'y plaçais, enfant, le plus gros diamant du monde, un morceau de cristal qui savait capter la lumière et la réfracter en séparant les couleurs. Aujourd'hui, dans mes rêves, quand je fais pivoter la plinthe, le trou a disparu et pourtant je sais qu'il est là…

Notre logement, en semi-sous-sol, est une île de paix, car nous profitons de la quasi-totalité du jardin abandonné par les autres locataires qui, eux, vivent « en haut », dans des étages plus lumineux et qui hésitent le plus souvent à descendre, « à se salir les pieds avec de la terre ». Comme si la terre était sale !

PARMI les lieux marquants de cette enfance-là, qui dura neuf ans, presque dix, il y eut la prairie des Filtres, bordant la Garonne sur plus d'un kilomètre, entre le pont Saint-Michel et le Pont-Neuf. Un immense territoire de dunes herbues, de gouffres de sable, de bosquets d'arbustes sauvages et de trous d'eau accueillants, que nous n'avions même pas à partager avec les quelques pêcheurs qui s'agglutinaient près du pont Saint-Michel et près du Pont-Neuf, à la sortie de deux bouches d'égout apparemment appréciées des poissons.

Ce terrain de jeux enchanta mes jours de tristesse. Il y avait dans ce lieu des surprises étonnantes. Au printemps et durant une grande partie de l'été, une de nos activités principales, avec mon copain Marcel et son cousin, était de protéger les amoureux. Nous avions repéré qu'ils recherchaient les fourrés et les coins ombragés, des endroits éloignés du regard. Aussi, par une sorte d'accord tacite, nous faisions barrage à tous les promeneurs qui voulaient s'avancer un peu trop près et risquaient de déranger les « baisers collés ». Nous les appelions ainsi car l'activité principale de ces couples d'amoureux – ils ne faisaient rien d'autre – se résumait à s'embrasser sans pouvoir se détacher l'un de l'autre. Ils s'avançaient lentement, étroitement collés, puis s'effondraient sans se lâcher et disparaissaient brusquement à nos yeux. Quand je repense aujourd'hui à notre conduite, je mesure combien nous étions pudiques, car jamais nous n'avons cherché à en savoir plus sur leurs activités amoureuses et surtout langoureuses. Pour nous, ils continuaient tout bonnement à s'embrasser couchés, c'était certainement plus commode et surtout plus discret.

Un autre de nos jeux favoris était la construction de mini-digues, pour retenir l'eau dans un recoin où le contre-courant avait creusé un bassin. Nous avions ainsi aménagé une ou deux piscines particulières, plus chaudes, plus calmes, à l'abri des courants parfois violents qui parcouraient en toute saison la Garonne. Les pêcheurs nous toléraient mais n'appréciaient pas pour autant notre présence, nous faisions trop de bruit à leur goût et notre agitation les déconcentrait. Aussi cette berge du fleuve était-elle, malgré son aspect sauvage et brouillon, relativement compartimentée en différents territoires bien délimités : pêcheurs, enfants, amoureux ou promeneurs, où chacun pouvait trouver un espace adapté à ses besoins et à ses centres d'intérêt.

Les nôtres étant infinis, nous débordions bien au-delà de la prairie des Filtres, sur le cours Dillon, la place du Fer-à-Cheval, la digue du Bazacle et bien d'autres lieux. Comme l'île mystérieuse qui, amarrée à l'un des piliers du pont Saint-Michel, fut longtemps l'objet de mes désirs.

Il y avait aussi, aux limites de la ville d'alors, le bois dit de « chez Gentil », du nom de son propriétaire, un homme discret, bienveillant et silencieux, qui nous laissait transformer son bien en terrain de jeux sans jamais intervenir. Nous pouvions y construire des cabanes, des souterrains, des cachettes diverses, indispensables à notre vitalité – je devrais dire à notre avidité de conquête, de créativité et surtout de liberté.

Il y a eu aussi le sanatorium où je fus hospitalisé entre neuf et quatorze ans. C'est un immense paquebot naviguant par temps clément à la cime des sapins sur des flots de verdure, et par mauvais temps tanguant sous les bourrasques d'un tapis de nuages ou se perdant corps et biens dans une neige scintillante les mois d'hiver. Notre chambre, où nous étions quatre enfants en traitement, était au bout de la terrasse ouest. Le soleil se couchait tous les jours chez nous, ce que nous enviaient les autres malades. C'était chaque soir une féerie, une splendeur qui éveillait des nostalgies de voyages chez l'un ou l'autre des cent soixante-dix enfants sertis dans le plâtre et emmaillotés de bizarres corsets métalliques ou ciselés d'attelles, de ferrures, qui peuplaient les six étages de cet étrange navire. J'en dirai peut-être plus, le temps venu, sur cette période importante de ma vie où j'ai appris tant et tant de choses. Cinquante-quatre mois plus tard, j'étais libéré de mes plâtres, mais non encore suffisamment mobile et valide pour réintégrer directement le domicile familial. Je dus passer par un sas, avant de retrouver la vie de tous les jours de mon quartier.

J'ai envie d'oublier le centre de rééducation, passage obligé après le sana, pour réapprendre à marcher, à oser sortir dans la rue, à affronter le monde. En plein centre d'une grande ville, en Alsace, c'était un ancien hôtel, transformé en bunker, qui tenait reclus ses pensionnaires toute la semaine et qui recrachait ses estropiés, ses bancals, ses moitiés d'hommes le samedi midi, pour un demi-jour de liberté, c'est-à-dire sans études et sans soins. Curieux mélange d'enfants comme moi, d'adolescents accidentés de la route, d'adultes rescapés du dernier conflit armé qui ravagea l'Europe. Guerre sans pitié, dont on rappelle toujours le chiffre extraordinaire des morts, mais plus rarement celui encore plus extraordinaire des blessés, des amputés, des infirmes à vie. Chacun des civils en général méprisés par les militaires, quel que soit son âge, tentait de sauver la face en affirmant à ceux qui nous croisaient que nous étions nous aussi des blessés indirects de la guerre. Il y avait aussi quelques jeunes qui n'hésitaient pas à se décerner des brevets de bravoure attribués pour des actes héroïques de sabotage, qui laissaient croire qu'ils étaient des rescapés des maquis, des survivants de la sauvagerie allemande des derniers mois de l'Occupation.

POUR MOI, ce fut une période de vie en pointillé, avec de grands trous noirs. J'étais mal à l'aise dans mon corps déformé, je ne l'acceptais pas, alors je me cachais. Je ne fréquentais quasiment personne. Mon air farouche maintenait à distance ceux qui auraient manifesté quelques velléités de m'approcher. J'avais découvert un coin de verdure près de l'Ill tout proche qui me rappelait la prairie des Filtres en plus étroit, en plus petit, en moins sauvage aussi, un espace épargné qui m'accueillait les dimanches et jours fériés. C'est là que j'envisageai, au printemps de mes seize ans, de me faire trappiste. Il y avait, à quelques kilomètres, un monastère : Notre-Dame d'Œlenberg, pas très loin du petit village (à l'époque !) de Reiningue.

J'avais entendu dire que des moines trappistes, qui avaient fait vœu de silence, qui ne parlaient jamais, passaient leur journée à cultiver leurs champs, à lire, à prier. Cette vie d'ermite m'aurait convenu, elle correspondait à mes états d'âme du moment. Aussi avais-je demandé au père abbé de pouvoir faire une retraite d'une semaine. Je me suis enfui au soir du quatrième jour. J'étouffais. J'ai remis, ce faisant, à plus tard mes aspirations à la sainteté. Mais ce besoin de silence m'habite toujours. Il reste présent en moi, comme une nécessité vitale, qui répond à mon besoin de me respecter en m'accordant un peu de temps, à moi seul.

Ce lieu de silence, que je recrée chaque année, est une sorte de survivance d'une de mes enfances.

≈

« Les enfants sont comme les marins :
où que se portent leurs yeux,
partout c'est l'immense. »

CHRISTIAN BOBIN

Je ne savais pas sourire

JE NE SAVAIS PAS SOURIRE, mais surtout je m'obstinais à ne pas sourire ! Car sourire aurait signifié être apprivoisé et donc risquer de donner à l'autre le pouvoir de pénétrer en moi, de m'envahir. Quand un adulte me souriait, je me demandais toujours : « Qu'est-ce qu'il me veut ? Qu'est-ce qu'il attend de moi ? » Je n'étais ni dans le donner ni dans le recevoir, mais plutôt dans le prendre et surtout dans le refuser. Je fus longtemps solidement installé dans le prendre pour ne rien devoir, et dans le refuser pour ne rien accepter !

Je ne sais pas encore aujourd'hui, après une analyse, un travail sur moi durant plusieurs années, comment ces conduites, ces comportements sont entrés dans ma vie, ni à partir de quelles expériences, de quels événements, de quelles rencontres ils ont pu s'inscrire en moi si durablement, bien après le temps de mes enfances. Cela doit remonter loin, peut-être dans la première année de ma vie, dans les premiers mois, les premiers jours, qui sait ? Quand un bébé absorbe tout comme une éponge, le bon et le pas bon, le possible et l'impossible. J'ai fait le calcul. J'ai été conçu en août 1934, autour du 20, je suis né neuf mois plus tard, le 20 mai 1935 – même si je suis officiellement déclaré le 23, c'est bien le 20 que j'ai émergé du ventre de ma mère. Elle me l'a confirmé plusieurs fois : « J'étais à l'Assistance publique, j'étais seule, il n'y avait personne pour aller te déclarer. C'est une employée, à qui on avait confié la mission de se rendre à la mairie, qui s'en est chargée. Elle a prétendu avoir oublié la date précise, car elle avait perdu en route le papier sur lequel la directrice avait noté l'heure et le jour exacts. C'était bien le 20 à onze heures du soir. Tu es enfin sorti de moi. » Je me suis souvent interrogé sur le sens de cet « enfin ». Cela voulait-il dire que je ne voulais pas sortir, que j'étais trop bien là, niché à l'intérieur, que ma mère s'impatientait, que le temps lui avait pesé, que son désir de me voir se réalisait enfin, ou que sais-je encore ?

Le 20 décembre de l'année suivante, en 1936, à vingt et un ans, ma mère est devenue majeure. Cela voulait dire qu'elle était libre de quitter l'Assistance publique et de diriger par elle-même sa vie. Comme elle avait été « replacée » à l'AP durant son temps de grossesse, je suis né dans ce cadre-là. Ce qui m'a valu d'être, durant les dix-huit premiers mois de ma vie, un des pensionnaires privilégiés de la pouponnière de cette vieille institution pluricentenaire.

Je dis *privilégié* car j'ai été l'un des vingt-deux bébés qui ont peuplé au printemps et durant l'été 1935 le même espace, qui ont témoigné de leur existence par des vagissements, qui ont crié leurs attentes ou tu leur détresse, dans la même pièce, « dont le plafond était si haut qu'on aurait dit une église sans Dieu », se rappelait Marcelle, la sœur de lait de ma mère qui lui rendait visite en lui apportant des chaussons qu'elle avait tricotés en attendant un fiancé hypothétique. Je fus vraiment un pensionnaire privilégié car j'avais non seulement une maman pour moi tout seul, même si je devais la partager en cours de journée avec d'autres bébés, mais j'étais aussi cajolé par six futures mères, qui s'exerçaient à leur métier de maman en me couvrant de baisers et de commentaires émerveillés.

Je me souviens des paroles de ma mère, quand elle me racontait cette période : « Nous étions cinq filles mères, ayant déjà accouché, chargées de nous occuper des onze autres bébés qui n'étaient pas à nous. Des bébés abandonnés, sans mère, comme je l'avais été moi-même, au même endroit, vingt ans auparavant. Nous devions leur apporter les soins que leur propre mère aurait dû leur donner. Mais je ne réservais mon lait qu'à toi, s'empressait-elle de me rassurer. Les autres n'avaient droit qu'au biberon ! Toi, on peut dire que tu aimais le sein, tu n'étais jamais rassasié. »

Je peux m'imaginer dans cette pouponnière surchargée, entouré de quelque seize bébés. Partageant ma mère avec au moins deux ou trois autres enfants, filles ou garçons. Les ai-je déjà perçus à ce moment-là comme des rivaux, des ennemis ? Ou des frères et sœurs d'infortune ? Je ne sais. Je sens cependant qu'ils occupaient beaucoup de place et occasionnaient des soucis multiples à ma mère et à ses consœurs qui s'occupaient d'eux à plein temps, avec plus ou moins de dévouement. J'ose espérer que c'était plutôt plus que moins. Car le malheur tisse des solidarités.

Ai-je eu peur de ne pas être reconnu, d'être oublié, d'être pris pour un autre ? Ah, ce besoin de reconnaissance que je sens si fort en moi ! Ai-je eu peur un jour d'être rejeté, remis à une autre mère, enlevé ? J'ai osé un jour demander à ma mère si elle s'était attachée à un autre enfant, si elle s'était prise d'affection pour l'un de ces bébés sans mère de la pouponnière. Elle m'a répondu, devenant soudain plus grave : « Je les ai tous aimés très fort. Parce que eux n'avaient pas eu la chance d'avoir une mère, une vraie mère pour s'occuper d'eux à temps plein. Je leur ai donné une part d'amour tendre et unique à chacun. Aussi, quand ils devaient quitter la pouponnière soit pour être adoptés, soit pour être placés dans des familles nourricières ou encore aller en crèche, je pleurais. Je crois que cette période m'a aidée à me réconcilier avec ma propre naissance. J'ai compris que moi aussi, j'avais dû être entourée de soins, cajolée, que j'avais certainement ri et gloussé de plaisir avec des jeunes filles mères, sans doute inexpérimentées et peut-être maladroites mais pleines de bonne volonté. Des mamans en gestation, à qui j'apprenais moi aussi à ma façon, avec mes demandes et mes attentes, mes sourires et mes pleurs, le métier de maman… »

À DIX-HUIT MOIS donc, j'ai quitté l'AP pour vivre enfin seul avec ma mère dans une chambre de bonne. Servante au début de son adolescence, bonne à tout faire par la suite, femme de ménage plus tard, ce furent ses métiers principaux. Métiers grâce auxquels elle put nous élever mon frère et moi, avec une volonté de fer pour nous mener « jusqu'aux études ». Elle ajoutait toujours, quand elle insistait pour justifier les contraintes et les exigences scolaires inévitables qui s'ensuivaient : « Pour que vous puissiez un jour devenir quelqu'un ! » Dans son esprit, devenir quelqu'un, cela voulait dire être son propre maître, ne dépendre de personne !

J'ai appris, dans le dernier versant de ma vie, à sourire en évoquant ce désir de ma mère de ne dépendre de personne, d'être maître de sa vie. Et j'aime cette distance, car si j'ai bien tenté d'être mon propre maître, de diriger mon existence à ma convenance, je sais aussi que parfois cette sorte d'impératif m'a conduit dans des directions qui n'étaient pas les meilleures ou les plus épanouissantes pour moi. Je me suis parfois perdu dans ce que j'appelle les *impasses de la liberté*.

≈

« Sur le rivage de mondes sans fin,
des enfants jouent. »

TAGORE

Le temps des séparations

J'AI APPRIS au sortir de l'enfance (mais en suis-je vraiment sorti ?) que la vie n'est faite que de rencontres et de séparations. Rencontres imposées ou choisies, rencontres planifiées ou imprévisibles, fécondées par l'attirance, le désir ou la nécessité, et séparations nécessaires et indispensables, subies ou décidées, qui vont tricoter les mailles de notre existence aux différents âges de notre vie.

En partant au sanatorium, emporté au petit matin par une ambulance très pressée d'arriver pour pouvoir s'en retourner dans la journée, j'ai quitté ma mère brutalement, sans aucune préparation. Et cependant, paradoxalement – et cela m'étonne encore –, je n'ai jamais eu le *mal de mère*. Ce fut plutôt un plein de mère qui m'a habité durant ces quelques années, où je fus enfermé dans ma maladie.

Un plein fait de tous les souvenirs d'elle, engrangés dans mes premières années de vie. Je ne pouvais pas l'avoir perdue, car je l'avais emportée en moi. Sa présence veillait sur mon sommeil comme sur mes journées. Il me semblait que son regard me suivait, que parfois certains de ses gestes s'arrêtaient, se figeaient dans l'espace comme si elle écoutait ce qui allait m'arriver. Puis je la voyais reprendre sa tâche, à nouveau penchée sur ses mains, attentive à ce qu'elle faisait. Si attentive, si soucieuse de bien faire, de rester fiable dans ses engagements. C'est une des valeurs qu'elle m'a transmises : tenir ses promesses autant qu'il est possible, tant qu'on peut garder le respect de soi.

Durant quatre ans et demi, tout au long de mon séjour à Font-Romeu, elle réussit à venir me voir six fois. Elle restait un jour et demi, le temps d'inscrire en moi un peu du doux de sa présence, la clarté de son regard, l'abandon de ses mains sur mon corps. Assise près de mon lit, elle me touchait dès qu'elle arrivait et aucune de ses mains ne quittait plus un coin de ma peau.

J'AI VÉCU par la suite de nombreuses séparations, des pertes, des ruptures, des rejets, et chacune a inscrit en moi une blessure chaque fois différente. Aucune ne s'est totalement cicatrisée, et celles qui restent encore très à vif sont les blessures liées à la perte d'une aimée.

Certaines sont plus visibles et d'autres plus cachées, chacune représente le plein d'un amour ou d'une rencontre englouti dans une faille sensible qui ne s'éveille à la douleur que lorsque je pressens une perte, un abandon ou une trahison.

≈

Il faut parfois se séparer
de ce à quoi on tient le plus,
pour pouvoir mieux se rencontrer
dans ce qui deviendra l'essentiel.

La nuit et le jour

D'AUSSI LOIN que je m'en souvienne, avec le concours de plusieurs de mes sens mais surtout à l'aide de cette vibration particulière qui me traverse quand je me sens éveillé, remonte l'écho d'un souvenir. Non pas réveillé au sens de sortir du sommeil, mais *éveillé*, ouvert, réceptif, en état d'apesanteur.

Il y a d'abord, dans ce souvenir récurrent, l'alternance du jour et de la nuit, de la lumière et de l'ombre, du soleil et des jours gris. Je me souviens surtout de la nuit, des nuits de mon enfance avant la maladie, quand couché sur le dos, les draps au bord des lèvres, les mains entre mes cuisses, tenant mon zizi, que je n'appelais pas encore mon sexe, ou plutôt m'accrochant à lui, j'attendais dans l'immobilité de la maison soudain apaisée que l'ampoule suspendue au-dessus de moi cesse son balancement incompréhensible. Car personne jamais ne la touchait et cependant elle oscillait sans cesse, comme poussée par une force invisible. Elle projetait ainsi des ombres louches, des figures inquiétantes, des mouvements suspects sur les murs de ma chambre.

Quand je voyais le dos de ma mère s'éloigner après un dernier baiser, un ultime sourire, quand j'entendais la porte qui se refermait et que d'un seul coup tout l'espace de la nuit à venir envahissait la chambre, je savais que je partais pour un autre monde. Mon lit se soulevait, avançait doucement, progressait sans bruit, suivait sans à-coups une montée rigoureusement droite, dont je n'ai jamais vu la fin.

Alors commençait un voyage incertain que mes parents appelaient le sommeil. Dans mes enfances, les nuits étaient profondes, immenses et paradoxalement lumineuses. Ce sont les multiples vies qui s'agitaient dans mes nuits, je l'ai compris par la suite, qui m'ont permis de survivre, qui ont contribué à ce que je ne tombe pas dans le vide qui m'attendait, dans l'inévitable gouffre du néant. Ces vies contenaient tant de possibles, me permettaient d'affronter tant et tant de situations imprévisibles que j'échappais ainsi à la dissolution certaine de ma personne.

Au réveil, j'étais comme projeté à l'extérieur, jeté au-dehors. J'émergeais hagard, les yeux fous, mais plus fort, plus solide, plus ancré dans mon désir de grandir vite, au plus vite, de m'évader de l'enfance ! Devenir grand, c'était ne plus avoir jamais peur, ne plus obéir, ne plus dire oui quand j'avais envie de dire non, c'était pouvoir aller où je voudrais et surtout ne plus répondre aux questions des instituteurs ou des adultes.

À la demande rituelle de ma mère : « As-tu bien dormi ? », je ne répondais pas, je restais silencieux, en détournant les yeux mais en hochant la tête de bas en haut, ce qui voulait dire « oui très bien » ou « bien sûr ». Je sentais confusément que je devais rassurer celle pour qui j'étais plus précieux que sa propre vie. Elle le répétait à l'envi, à tous ceux du quartier : « Cet enfant est la prunelle de mes yeux. » J'ai cherché longtemps où j'étais dans ses yeux. Je savais que j'étais partout en elle quand elle me regardait, mais quand j'étais hors de sa vue, une inquiétude me taraudait : où étais-je en elle ? Quelle partie de son corps m'était encore réservée ? Dans laquelle de ses pensées étais-je unique ?

Car comment, sans l'inquiéter, lui raconter à la fois les cavalcades sans fin et la sarabande des personnages qui hantaient mes yeux grands ouverts ? J'ai dormi longtemps (on me l'a dit plus tard) les yeux ouverts dans une obscurité peuplée de tourbillons d'images noires et blanches, de bruissements d'arbres, de chuchotements, certainement émis par des méchants qui ne se montraient jamais, mais qui étaient là tout proches, attendant je ne sais quel signal pour se jeter sur moi. Guettant un moment d'inattention, une faiblesse de ma part, pour m'emporter si par erreur je relâchais ma vigilance. Ce que je sais, c'est que je m'endormais épuisé et me réveillais très fatigué. Comment partager aussi les péripéties vécues dans ces mondes incompréhensibles qui peuplaient mon sommeil et pour lesquelles je n'avais pas de mots, aucune expression, seulement des images, des sensations, des émotions, des éclaboussures de lumière, des perceptions imparfaites semblables à des clins d'œil trop fugaces ? Je me souviens de claquements secs, d'explosions qui me projetaient en avant, jamais en arrière et me laissaient désemparé, vulnérable au milieu d'un chaos mouvant où rien ne pouvait m'accueillir.

« LE DOCTEUR a dit que tu étais trop nerveux depuis quelque temps. Il m'a conseillé de te donner de l'huile de foie de morue et de placer de temps en temps des ventouses sur ta poitrine ! » La préparation et la pose des ventouses, j'aimais ça, mais l'huile de foie de morue, quelle horreur ! À la maison, j'étais un enfant très silencieux. À n'importe quelle question ou interrogation trop directe, je répondais par mon hochement de tête préféré, qui approuvait tout sans m'engager (regard détourné vers la porte), et l'instant d'après je n'étais plus là ! J'étais où ? Ailleurs.

« Il n'est jamais là, on ne sait jamais où le trouver, il a toujours le feu aux fesses, il ne tient jamais en place ! Celui-là, pour le faire rester tranquille, il faudra se lever de bonne heure ! » Je restais rarement immobile, je circulais dans les replis de la maison (aux nombreuses caves) dans les coins et « rabicoins » (c'était une expression de ma mère pour nommer les endroits inaccessibles) du jardin, sur les allées Charles-de-Fitte, qui avaient à cette époque quatre rangées de platanes centenaires. Et aussi, chaque fois que je le pouvais, je m'envolais jusqu'aux bords, tout proches, de la Garonne dont les berges étaient encore sauvages et qu'on appelait, je l'ai déjà dit, mais ne m'en lasse pas, la prairie des Filtres.

Mais l'essentiel de ma vie se passait tout de même le jour. Chaque matin je m'éveillais tout seul, avec aussitôt une seule préoccupation : faire pipi. Cela paraît tout simple de l'exprimer ainsi des années après, mais faire pipi, à l'époque, signifiait sortir de la maison, affronter un monde d'ombres inquiétantes et de bruits inconnus pour aller dans le jardin, éviter soigneusement la petite cabane qui servait de cabinet d'aisance (à l'ensemble des locataires de la maison qui, eux, venaient seulement vider leurs pots de chambre) et trouver un coin (jamais le même) pour me soulager. Une fois cette délicate opération exécutée, il fallait se lever, se laver les mains, le front et un peu autour de la bouche, puis déjeuner sommairement (lait froid et pain sans beurre) et partir pour l'école.

Chaque jour représentait un défi : celui d'essayer d'échapper au maximum de contraintes, d'obligations ou de demandes. Pour avoir le plus de temps possible à moi, un temps qui n'appartiendrait pas aux adultes. C'était comme essayer d'avaler ou de boire chaque instant du présent sans jamais arriver à apaiser sa faim, à étancher sa soif.

Aujourd'hui, je sais que chaque jour était unique,

Je viens de toutes mes enfances

même si dans leur déroulement, les jours de mes enfances ont tendance à se mélanger dans ma tête. Ce n'est pas grave au fond, car chacun conserve un éclat, une couleur, un goût que je n'ai jamais retrouvés par la suite.

≈

Il est des nuits dont la lumière
fait de l'ombre à la clarté du jour.

L'enfance des trahisons

UNE AUTRE de mes enfances, encore plus éloignée dans le temps, commence par la disparition soudaine de ma mère et se termine par son retour.

Je suis tout petit, elle me porte encore dans ses bras, je pèse de tout mon poids contre elle, j'aime sa peau plus douce qu'un baiser. En fait, j'ai plus de trois ans, et elle me donne encore le sein. J'aime ça. J'en redemande et elle est contente, heureuse de me nourrir avec son corps, qui m'enveloppe de tout son amour, quand elle me tient tout contre son ventre, sa poitrine, ses deux mains petites mais remplies de bonté et de générosité.

Et puis un jour, un matin, elle n'est plus là. C'est ma marraine qui m'habille, me montre un biberon, veut me le donner, et comme je n'ai pas la force ni le courage de le tenir, il tombe à terre, se casse avec un bruit de peur. Ça existe, les bruits de peur, j'en ai connu quelques-uns. Après un tel vacarme on ne sait pas ce qui va surgir près de nous ou en nous, tout peut arriver, la fin du bonheur comme l'irruption soudaine du malheur, les rires qui s'arrêtent net, la tempête qui se déchaîne, le jour qui s'éteint, le noir qui envahit tout...

Marraine est la sœur de lait de ma mère. Elles ont eu la même mère nourricière, ce qui veut dire qu'elles ont été abandonnées toutes les deux à leur naissance et nourries par la même femme, rétribuée par l'Assistance publique. Elles se connaissent donc depuis toujours et ont l'une envers l'autre de l'affection, mais une affection différente. Un peu condescendante chez marraine envers ma mère. Elle a eu le certificat d'études primaires et ne manque pas de nous le rappeler à la moindre occasion. Elle s'exprime avec une certaine affectation, modulant les mots avec ses lèvres dont le rouge un peu agressif me fait peur. Affection admirative chez ma mère pour celle qui a réussi ses études et qui maintenant, en pleine Occupation, malgré les restrictions, se maquille tous les jours, « même les yeux ! ».

Marraine, à qui j'ai été confié ce matin-là, me trimballe dans toute la maison, ne sachant que faire d'un enfant muet. « Tu avais des yeux noirs qui accusaient le monde entier. Le moindre bruit te faisait t'agiter, tu voulais aller dans le couloir, puis dans le jardin, puis revenir dans la maison, le couloir, le jardin... Tu montrais avec la main quelque chose qui n'était pas là, je te portais et c'est moi qui te suivais... »

En moi, c'est le désarroi : ma mère n'est plus là, tout est devenu froid, la maison n'a plus d'odeurs, même l'horloge que Saturnin (le nouveau compagnon de ma mère) remontait tous les matins ne sonne plus. Il manque une respiration proche, des pas feutrés, un regard unique sur moi.

La situation se prolonge durant plusieurs jours, Marraine devient de plus en plus maladroite avec moi, elle prétend que j'ai de quoi être content, que je vais être heureux d'avoir un petit frère, que je devrai être gentil, que je ne serai plus tout seul…

MA MÈRE est revenue bien sûr, mais ce n'était plus la même. Elle avait maigri et il y avait un inconnu dans la maison ou plutôt dans sa chambre. Un mouflet, dans un berceau emprunté à la voisine du dessus (qui accouchait chaque année depuis dix ans et qui cette année-là avait décidé « d'arrêter d'en faire ! Il y a assez de malheureux comme ça sur terre, ce n'est pas la peine d'en ajouter un de plus ! »). Ce bébé, tout rouge, réclamait « mon » sein, je veux dire celui de ma mère, plusieurs fois par jour. Il ne restait plus rien pour moi.

Il y avait dans la maison un étranger qui non seulement prenait toute la place mais qu'en plus on me demandait d'aimer ! On m'affirmait que c'était mon frère, ils le disaient tous, même les voisins s'y mettaient : « C'est ton frère, tu dois être gentil avec lui, tu dois l'aimer. » On me dictait d'avoir des sentiments que je n'avais pas, de ressentir des choses qui étaient à l'opposé de ce que je ressentais.

« Tu es grand maintenant, tu dois montrer l'exemple ! » Quel exemple ?

D'abord ce n'est pas vrai que je suis grand, je suis plus petit que l'année passée, de plus en plus petit, totalement désespéré d'être si petit, de ne pas être entendu dans mon désarroi et si incompris ! Pas assez petit pour le remplacer, en reprenant ma vraie place contre ma mère, et pas assez grand pour le faire disparaître, lui, comme il le méritait. J'ai su plus tard que j'avais régressé, recommencé à faire pipi au lit, à réclamer de la bouillie, à sucer mon pouce, à ne plus quitter mon doudou (vieille taie d'oreiller aux couleurs infâmes) que je triturais sans arrêt, sauf quand je le jetais à terre pour m'asseoir dessus en faisant caca sous moi. En sentant tout mon corps se désorganiser, se morceler et se perdre, je perdais pied, je perdais vie.

À ce frère haï, qui m'avait dérobé à son seul profit (du moins je le croyais) la femme de ma vie, j'ai mené la vie dure. Je lui ai fait le coup de l'oreiller. Vous savez, quand vous mettez un oreiller (le plus grand que vous trouvez dans la maison) sur le berceau de ce frère détesté, avec beaucoup, beaucoup de jouets dessus. Je lui ai fait le coup du landau, que je lançais de toutes mes forces vers le bas du chemin voisin, avec l'espoir qu'il arriverait couché sur le côté ! Hélas, une fois sur deux, le landau arrivait debout. Ce bébé gavé, repu, increvable, avait la vie chevillée au corps, il a survécu avec vaillance et courage à toutes mes tentatives pour l'éliminer.

Parfois je le prenais contre moi et je le serrais très fort, très fort, malgré ses cris, puis je le jetais dans son berceau en disant à la cantonade : « Vous voyez bien que j'ai raison, il pleure parce qu'il n'est pas content, il n'aime pas être dans cette maison, ce n'est pas chez lui, il n'est pas content d'être obligé de vivre chez moi, il faut le ramener là où il était. Il ne sera jamais heureux ici, c'est pas chez lui ! » Les voisins riaient, mais en même temps me disaient que j'étais « méchant et sans cœur », que je devais aimer mon frère. « D'abord, c'est pas mon frère, il ne me ressemble pas, il est blond alors que moi j'ai les cheveux noirs et en plus ce n'est pas moi qui ai été le chercher, il fallait le laisser où il était. »

Cependant cette expression de « sans cœur », comme elle le répétait souvent, m'inquiéta. Je pris l'habitude de vérifier, plusieurs fois par jour, que mon cœur continuait à battre du bon côté, qu'il était toujours là.

Une dame qui vivait deux rues au-delà de chez nous, et qui se plaignait de ne pas avoir d'enfant, reçut un jeudi ma visite. « J'ai entendu dire que vous souhaiteriez avoir un enfant rien que pour vous seule. Il y a un bébé malheureux, très malheureux à la maison. Il n'est pas bien chez nous, je peux vous le laisser gratuitement. Il sera très content d'être chez vous. Chez nous, il est très malheureux parce qu'il ne m'aime pas ! On peut pas vivre avec quelqu'un qu'on n'aime pas. Il a raison de pleurer, il n'est pas du tout content d'être chez nous… » Je lui remis un bébé en bon état que j'avais transporté dans un cabas, avec quelques couches de rechange et même le pot de talc.

On retrouva mon frère en fin de soirée. Je reçus une gifle magistrale.

Ce fut une longue période de malentendus ponctués de nombreuses fessées. Une période noire, une période de taloches, de punitions qui consistaient à être envoyé au coin, sous l'escalier sombre, le front appuyé contre le mur. Je devais m'excuser silencieusement d'avoir « fait pleurer le petit Jésus » en étant si méchant et égoïste. Je ne savais même pas qu'un enfant de cinq ans pouvait être égoïste, ni d'ailleurs ce que voulait dire ce mot. Chaque fois je regardais la scie égoïne qui était pendue dans le couloir et je tentais de comprendre le rapport qu'il pouvait y avoir entre ces deux mots à consonance proche et les réalités qu'ils servaient à désigner.

J'ai fait beaucoup de misères à mon frère, qui jamais ne m'en a tenu rigueur. Quand je m'approchais de lui, il souriait aussitôt et se mettait à baver de plaisir. Il tendait même les bras vers moi, espérant ainsi que je l'accepte, que je l'aime. Je devais représenter pour lui l'aventure, le piment de la vie, l'imprévisible salvateur pimentant un ennui sans fond, dans un berceau trop grand pour lui.

L'ARRIVÉE brutale de ma maladie autour de mes neuf ans et mon départ précipité au sanatorium durent quand même le soulager un peu. Il put avoir enfin toute la place à la maison. Celle que j'aurais tant voulu avoir pour moi tout seul !

D'ailleurs, sitôt que je fus parti, il prit ma place autour de la table familiale et y resta pendant plus de cinq ans. Ce fut certainement très important pour lui, cela l'aida sans doute à s'affirmer et par la suite à ne plus se laisser faire par moi.

≈

Toute trahison blesse aussi la confiance
de celui qui a trahi.

L’inventeur de mensonges

J’AI COMMENCÉ à mentir très tôt et c’est ainsi que je suis sorti de quelques-uns de mes silences et que j’ai appris à parler. Mentir pour ne pas inquiéter l’autre, pour apprivoiser une réalité souvent décevante, pour calmer ou apaiser mon entourage, mentir pour colorer un moment difficile, le rendre plus paisible, acceptable. Et avant tout pour éviter de faire de la peine à une femme, ma mère, dont j’étais, je le rappelle, la « prunelle de ses yeux » et surtout une espérance vitale.

Une espérance qui signifiait que sa vie avait du sens, que son travail de femme de ménage n’était pas inutile, que la fatigue des jours allait, si « Dieu lui prêtait la santé », déboucher sur la réussite sociale de ses deux enfants. Que nous aurions, disait-elle, « une place dans la vie », une place à nous, rien qu’à nous, dans un monde à venir qui serait, de toute façon, meilleur que celui dans lequel nous étions. Une place importante, reconnue, de préférence bien payée, grâce à laquelle nous n’aurions plus à obéir, mais où nous serions les maîtres de nos jours et surtout de notre temps.

« Avoir du temps à soi, rien qu'à soi ! » C'était son rêve personnel, qu'elle voyait comme une utopie irréalisable pour elle, mais possible pour nous : qu'un jour personne ne puisse commander à ses enfants, que personne ne les oblige à faire, à ne pas faire, à dire ou à ne pas dire ! Elle employait une formule bien à elle : « Il faut, disait-elle, pouvoir se comporter comme un prince devant le travail ! »

COMMENT aurais-je pu lui dire, sans l'effrayer, sans la décevoir, sans la blesser, que pratiquement chaque jour, je devais me battre pour aller simplement à l'école ! Qu'au moins deux fois par semaine, je me devais d'affronter la « bande-de-la-Place-des-Oliviers » (place qui n'avait jamais vu un seul olivier de sa vie de place !). Le chef de cette bande ne supportait pas qu'on traverse cette place, qui était un raccourci d'une part pour aller à l'église Saint-Nicolas, d'autre part pour passer le Pont-Neuf, et qui, lui, permettait d'aller en ville !

Comment lui dire ma peine quand la petite Marion avait déménagé sans prévenir, me laissant dans une tristesse infinie, mêlée de frustration et de colère, car je me sentais trahi de lui avoir offert mon amour. Amour qu'elle avait accepté quelques semaines auparavant :

« Oui, je suis d'accord pour que tu m'aimes, tu auras le droit de m'aimer tous les jours de classe.

– Et le dimanche alors ?

– Le dimanche est réservé pour mon cousin Paul ! Lui seul a le droit de m'aimer le dimanche, d'ailleurs mes parents sont d'accord ! Toi, tu dois m'aimer en cachette, c'est un secret entre nous… »

Comment avouer à ma mère mes innombrables et trop souvent insurmontables difficultés scolaires, comment lui parler de ma difficile vie de cancre ? Comment lui révéler que je portais sur mon front l'étiquette indélébile (elle durait depuis le cours préparatoire) d'« élève indiscipliné, insupportable, poussant ses petits camarades à désobéir, garçon à surveiller de très près » ?

Comment lui raconter la vie passionnante et trépidante que nous avions avec quelques copains, au bord de la Garonne, à construire des cabanes, à creuser des souterrains, à réaliser des radeaux de roseaux qui nous permettaient (sans savoir nager) de traverser un petit bras du fleuve et de nous aventurer jusqu'au barrage du Bazacle ? Comment lui parler des secrets de fabrication d'un arc ? Quel bois choisir, comment le durcir un peu au feu. Un arc qui pouvait porter jusqu'à quinze mètres au moins, sans que la flèche dévie de plus de trois centimètres ! Comment lui expliquer toute la patience qu'il faut pour faire une fronde efficace, permettant de combattre les gitans et plus tard les « espingoins », tous ces enfants d'Espagnols républicains, fiers comme des matadors, qui avaient fui l'Espagne de Franco ?

Comment lui faire comprendre que j'étais malheureux sans savoir pourquoi je l'étais ? J'étais le plus souvent avec ma mère, dans l'interdit de dire de peur de la blesser, de l'inquiéter ou simplement risquer de lui faire de la peine.

J'AI SU très tôt que le propre d'un mensonge, c'est qu'il doit être vrai pour être cru ! Je veux dire par là qu'il doit se modeler sur la réalité attendue par l'autre. C'est ainsi que j'étais devenu, dès la grande école, tout au début du cours préparatoire mais surtout en cours élémentaire première année, un inventeur de mensonges. J'en inventais à la demande ! De bons et solides mensonges qui devaient résister à l'épreuve du réel et surtout être capables de bien remplir leur mission principale qui était d'éviter, pour nous les enfants, une réaction inadéquate ou violente des parents ou des adultes à notre encontre.

Ma spécialité était un mensonge bien rond, sans faille, le plus vrai possible, à destination des parents. Un bon mensonge robuste, capable de faire face à l'épreuve du doute, de s'opposer au harcèlement des questions perfides et surtout de s'imposer comme une protection imparable, permettant d'éviter une gifle ou une « rouste », une privation de dessert, de sortie ou encore la corvée des travaux d'utilité familiale à réaliser dans la maison ou le jardin de mes parents ou ceux des voisins.

J'inventais bien sûr des mensonges pour moi-même, mais aussi pour les nombreux enfants du quartier. J'étais un inventeur bien rémunéré, car j'avais des besoins. Dans notre milieu, l'argent appartenait aux adultes, il était rare et n'était pas à notre portée. Entre nous, les enfants, la monnaie d'échange la plus utilisée était le troc d'images, de jouets et de billes. Les belles billes en terre vernissée ou les calots en verre irisé de reflets multicolores.

Je me faisais payer avec des billes ordinaires en simple terre cuite, car c'était la munition la plus efficace pour nos frondes, quand nous faisions la guerre aux gitans, aux « espingouins » et à tous nos ennemis naturels tels les enfants des autres quartiers qui tentaient quasiment chaque jour des incursions prédatrices et répressives sur notre territoire : les allées Charles-de-Fitte, la prairie des Filtres et la place du Fer-à-Cheval. La prairie des Filtres représentait pour nous un domaine immense, qui avait cependant l'avantage de n'avoir que trois frontières, deux étroites et une longue, la quatrième étant une frontière naturelle constituée par le lit de la Garonne, large à cet endroit de quatre cents mètres au moins ! Mais il nous fallait toutefois défendre trois frontières, entrelacées dans un labyrinthe de rues, de places et d'avenues.

Oui, j'inventais des mensonges. Des petits et des gros, des mensonges adaptés à toutes les situations de la vie familiale, scolaire et sociale.

« J'ai perdu mon blouson, ça va être ma fête. Dis-moi ce que je peux dire à ma mère !

– Tu as combien de billes ?

– Quatre.

– C'est pas assez.

– Cinq alors !

– D'accord. Voilà ce que tu peux faire : tu n'as qu'à dire à ta mère que c'est le vent qui a emporté ton blouson, quand tu traversais le pont Saint-Michel, pour aller faire des courses pour elle (*introduire un zeste de culpabilisation*). Un coup de vent d'autan tellement fort que tu as manqué même d'être emporté (*semer une saine inquiétude*). Ton blouson, malgré toi, est tombé dans la Garonne (*dramatiser*), tout près du bord. Surtout dis-lui que tu as bien tenté de le récupérer mais en vain, en te penchant sur l'eau avec un bâton (*trop court*) pour essayer de l'atteindre (*montrer la bonne volonté*)...

– Tu crois que ça marchera ?

– Si tu n'es pas sûr de toi, tu peux ajouter que si tu avais su nager, tu aurais plongé dans la Garonne (*marque de courage*), sachant que ce blouson lui avait coûté cher ! Que tu as pensé à sa tristesse (*entrée des violons*) à elle d'avoir perdu un si beau blouson, qui t'allait si bien ! »

Inventer et proposer des mensonges, c'est simplement essayer de comprendre où se situe la peine de l'autre pour ne pas l'agrandir. Autour de moi, je savais que tous mes camarades d'école et de catéchisme mentaient, mais c'étaient des mensonges pauvres, défensifs, bricolés à partir d'improvisations stupides, nulles de chez nul, comme s'expriment les gosses d'aujourd'hui. Mensonges qui n'avaient aucune crédibilité, qui étaient aussi repérables que la trace de chocolat sur les lèvres de celui qui a mangé, dans les toilettes de l'école, le quatre-heures de celui à qui il l'a dérobé !

Moi, je prenais du plaisir à mentir car je savais que mes mensonges étaient chaque fois uniques. Créés, inventés de toutes pièces, ils étaient efficaces, laissaient peu de traces, car ils étaient légers, survolaient la réalité sans la blesser, parce qu'ils se présentaient comme un baume nécessaire pour apaiser les soucis.

« J'ai eu deux heures de retenue ! Ça va chauffer à la maison !

– Pas grave, ne t'inquiète pas. Tu expliques à tes parents que tu as voulu rendre service à un copain en répondant à sa place pour lui éviter une punition (*bon cœur, notion de sacrifice*), que tu ne comprends pas la dureté de l'instit, qui aurait dû, au contraire, te féliciter d'avoir répondu juste (*appel à la justice*). Que le plus embêtant, c'est que ces deux heures de retenue t'ont fait manquer le catéchisme et donc que tu as deux heures à rattraper (*gain de deux heures de liberté pour aller jouer aux Indiens sur les bords tentateurs de la Garonne*). »

Un jour, j'ai dû rendre les cinq billes et un beau calot bleu que j'avais reçus pour un mensonge qui s'était révélé, dès le jour même, parfaitement inutile. Un garçon de CM1 était venu me voir avec son bulletin scolaire à la main :

« Si je fais signer ce bulletin à mon père, il me tue.

Avec trois zéros et les remarques de l'instit, j'ai droit à une grosse tête !

– Ne t'inquiète pas ! (*C'était mon amorce favorite : ne t'inquiète pas, il y a toujours une solution ou une issue aux embrouilles avec les parents !*) Tu n'as qu'à dire à l'instit que ta grand-mère est morte, que tes parents ont dû partir en catastrophe et n'ont pas eu le temps de voir le bulletin, qu'ils le signeront la semaine suivante. Tu verras la semaine prochaine, ils signeront la semaine en cours et en fin de soirée, quand ils seront fatigués, pressés d'aller au lit, tu fais signer la semaine précédente, en disant qu'ils ont oublié... »

Les bénéficiaires d'un mensonge, je l'avais remarqué très tôt, avaient la pensée agissante, une pensée capable d'utiliser toutes les ressources de la vie.

Mais cette fois-là, le bénéficiaire en question est revenu le lendemain à l'école plus tôt que d'habitude, triomphant et exigeant : « Rends-moi les billes, je n'ai pas eu besoin de ton mensonge, ma grand-mère est morte cette nuit ! » Ce fut la seule fois où j'ai dû rembourser un mensonge. C'était pourtant un excellent mensonge, qui n'aurait pas marché à tous les coups – je le savais très bien –, mais qui aurait mérité de servir au moins une ou deux fois encore !

DURANT toute mon enfance, je n'ai jamais pu dire la vérité à ma mère. Je devais en toute circonstance arranger la réalité qui m'entourait, colorer différemment mon vécu, présenter ma vie d'écolier et d'enfant comme agréable, facile, sans problème. Je m'angoissais en imaginant que si je disais la vérité ou seulement le dixième de la vérité, j'allais déclencher, au-delà de l'inquiétude, une angoisse noire, provoquer une perturbation dans ses nuits, inscrire sur son visage des plis indélébiles (qui ravageraient son front), être responsable des pensées douloureuses qui agiteraient son esprit durant plusieurs jours. Alors je n'avais aucune hésitation, je mentais sans état d'âme, avec une spontanéité, une facilité et une liberté qui me surprenaient chaque fois.

J'ai regretté plus tard de n'avoir pas eu la liberté et la fantaisie de Mathieu Lindon, rapportant dans son livre *En enfance* : « Lorsqu'il raconte avoir croisé une baleine dans le boulevard menant à l'école temporairement submergé par un raz de marée, il s'en fiche qu'on le croie, il veut qu'on l'écoute jusqu'au bout. Bien sûr qu'il manque de mesure mais quand on ment, on ment. » J'aurais aimé avoir cette créativité.

≈

Les vérités sont multiples et toujours relatives,
mais avec l'aide de certains mensonges,
cela permet parfois d'échapper au désespoir.

Les odeurs de l'enfance

J'AI AUSSI en moi une enfance faite d'odeurs. Des odeurs furtives et d'autres plus lancinantes, dont je sens encore la présence vivace. Des odeurs capables de réveiller, de donner vie à des instants ou à des situations fortes qui remontent soudain des limbes de ma mémoire et me donnent envie de pleurer. L'odeur du savon de Marseille que je sentais sur les mains et dans le cou de ma mère, ainsi que l'odeur plus subtile, plus dérangeante du Rouge Baiser qu'elle mettait certains jours pour sortir, pour « aller en ville ».

Ah, ce Rouge Baiser, dont je n'ai vu dans toute ma vie d'enfant et d'adolescent qu'un tube unique, c'est dire s'il était utilisé avec parcimonie ! Il était rangé dans le tiroir de sa table de nuit, que j'ouvrais parfois, contemplant ses rares bijoux, un collier d'argent, deux bracelets, quelques boucles d'oreilles en strass, une alliance en or, qui venait de je ne sais où, car elle ne s'est mariée que beaucoup plus tard, à près de soixante ans. Alliance qu'elle ne portait que certains jours d'été... Achetée peut-être pour montrer, laisser croire, dans quelques rares occasions, qu'elle était mariée, ou pour d'autres enjeux plus cachés, que je n'ai jamais découverts ! Le Rouge Baiser était d'un rouge pourpre, violent, presque agressif, mais il soulignait des lèvres parfaites. Oui, parfaites, car je les comparais avec celles des autres mères, à la sortie de l'école, et aucune n'avait des lèvres aussi bien dessinées, aussi bien posées sur un visage ! Elle ne sortait « en cheveux » que pour aller faire quelques menues courses, mais pour rendre visite à des amis ou pour des convocations à la poste ou à la sécurité sociale, elle mettait chaque fois un chapeau avec une petite voilette qui rendait son regard encore plus doux...

L'odeur que je préférais chez ma mère était celle de l'amour. Quand j'étais malade, que j'avais un peu de fièvre, elle me mettait au lit, avec un pyjama propre, puis proclamait à la cantonade : « Mon fils a besoin de moi, débrouillez-vous tout seuls ! » À partir de là, elle se consacrait quasi entièrement à moi. Elle s'asseyait à la tête du lit, le dos bien calé aux montants du haut, me prenait dans son giron et je plongeais mon visage contre son ventre. Je m'engloutissais, je me perdais, je n'entendais plus rien, que des petits gargouillis qui montaient jusqu'à moi. L'odeur de sa présence proche, de sa disponibilité absolue était pour moi l'odeur ineffable de l'amour. Elle avait, je ne sais pourquoi, un goût de sucre vanillé. Et aujourd'hui encore je considère le sucre vanillé, parfumant une crème ou une tarte, comme le signe de la bonté infinie de la vie.

Il y avait aussi l'odeur du papier peint de ma chambre d'enfant, qui se décollait par endroits et qui sentait parfois, les jours de pluie, le moisi et les feuilles mortes et d'autres fois l'amande. Ces jours-là, je regardais attentivement les taches d'humidité représentant des labyrinthes, j'en suivais avec mon doigt le tracé et je me voyais ainsi conduit vers des espaces inconnus, des régions mystérieuses qui n'attendaient pour se dévoiler que l'éveil de ma curiosité à défaut de ma présence. Avec une étonnante patience, je poursuivais une piste, je cherchais une issue, au besoin en montant sur une chaise, haussé sur la pointe de mes pieds pour vérifier que je pouvais chaque fois aller encore un peu plus loin, à quelques centimètres du plafond, sans jamais l'atteindre, dans l'entrelacs sans fin des signes et des appels. Cette odeur de moisi m'emplissait d'une tristesse infinie, comme si l'avenir allait soudain se charger de menaces, comme si j'étais condamné à devoir passer le restant de mes jours dans cette chambre, à veiller à la maintenir en l'état. C'est d'ailleurs une tâche que j'ai longtemps accomplie dans des rêves à répétition, comme si j'étais à jamais prisonnier de mes propres inquiétudes.

De toute façon, j'ai toujours su (encore aujourd'hui, même si je m'en défends) que l'avenir n'est pas fiable. Que l'autre, aussi aimant soit-il, n'est que de passage, qu'il me sera impossible de le retenir, de le garder proche. Que tout peut arriver dans un futur immédiat ou plus lointain, du bon quelquefois, mais le plus souvent le pire, la haine imprévisible, la violence aveugle, l'arbitraire surtout qui accompagne l'injustice, qui agite les remugles de l'humiliation. J'ai en moi cette conviction absolue que nous pouvons tout perdre d'un seul coup, être dépossédés de tout ce que nous avons, que nous possédions beaucoup ou peu, que le moindre bien ou la relation la plus essentielle peut disparaître, se dissoudre dans l'aveuglement de l'imprévisible. Que l'accueil, l'acceptation de l'autre et même son amour, surtout son amour, sont toujours provisoires, en suspension, menacés d'évaporation. Je connais tous ces risques même si je sais aussi que l'avenir peut être lumineux, bienveillant et paisible parfois... Il l'a été quelquefois.

Je portais déjà en moi les prémices d'une nostalgie qui ne m'a jamais quitté. La nostalgie inépuisable de tout ce qui ne sera pas, de cette somme infinie des possibles de l'existence qui ne verront jamais le jour. De tout ce que j'aurais pu faire ou vivre si... Si j'avais fait, pas fait, si j'avais été comme ci, pas été comme ça à un moment ou l'autre de mon existence, que serais-je devenu ? Il m'arrive encore d'avoir la gorge serrée en tentant d'imaginer tout ce à côté de quoi je suis passé ! Tout ce qui me serait arrivé si j'avais pu, aux bifurcations de ma vie, suivre l'autre voie, m'engager sur l'autre chemin qui s'offrait, avancer dans telle direction au lieu de me précipiter vers la voie que j'ai empruntée.

Je voudrais parfois faire un pas de côté ou un petit saut, juste pour traverser le voile invisible qui doit séparer les vies parallèles de celle dans laquelle je m'inscris. Je sens combien mon corps serait capable d'absorber plus de vies encore, de se démultiplier pour pouvoir accueillir, être irrigué, transporté dans les univers que je pressens tout proches.

IL Y AVAIT aussi, tous les lundis, l'odeur rassurante du linge bouilli dans la grande lessiveuse, la même qui servait aussi au bain du samedi, pour un décrassage complet « du possible et de l'impossible », comme disait ma mère. L'impossible, je tentais pathétiquement de le cacher, surtout à la belle saison, quand la lessiveuse remplie d'eau était mise au soleil, au beau milieu du jardin (pour économiser le gaz) et que ma mère me lavait à grande eau, à la vue de tous. Et surtout à celle du charbonnier voisin, qui s'arrêtait toujours, le visage collé tout contre le grillage qui séparait notre terrain du sien. Ce charbonnier noir de suie certainement amoureux de ma mère, je le voyais à ses mains qu'il gardait dans ses poches et qui s'agitaient quand il cherchait à la faire rire, à ses gestes qu'il retenait. Il s'écriait chaque fois : « Mais vous allez l'user, cet enfant, à force de le laver ! » Et ma mère de lui répondre en riant : « Un amour entretenu ne s'use jamais !

– Ah, s'il s'agit d'amour, s'exclamait le dépité, moi je n'y comprends rien ! L'amour, c'est trop compliqué pour moi. Il faut avoir du temps pour aimer ! » Et quelquefois, le regard perdu loin au-dessus de nous, il ajoutait cette remarque que j'ai mis longtemps à comprendre et dont j'ai eu du mal à accepter le bien-fondé : « Il faut être courageux pour accepter d'être aimé ! » Un jour, il a même ajouté, mais ai-je bien entendu : « Il faut beaucoup de temps libre, il faut avoir fait des études pour aimer ! » Et je me disais : « Plus tard quand je serai grand, après la grande école, je ferai des études pour savoir aimer ! Savoir aimer quelqu'un qui sera suffisamment courageux pour accepter d'être aimé par moi ! »

NOTRE QUARTIER charriait une foultitude d'odeurs. Certaines traînaient au ras du sol, comme l'odeur aigre du pipi de chat, l'odeur épicée des ordures mal ramassées et qui s'accumulaient dans les coins. Les odeurs entêtantes de la pauvreté, mélange diffus de sueur, de vêtements sales, de bouches infectées et de corps mal lavés. Des odeurs de légumes trop cuits, de chiens, de chevaux fatigués.

Des odeurs venues d'ailleurs aussi, apportées par le vent d'autan. Celles-là étaient des odeurs de voyage. Je pouvais les respirer à plein nez, sur le chemin de l'école, quand je faisais un petit détour vers la cave du boulanger, qui mettait de côté pour nous, les enfants du quartier, un bout de pâte qu'il avait cuite spécialement, avec un petit tortillon au-dessus, petit clin d'œil de gentillesse, de tendresse gratuite, que nous croquions en grimaçant pour masquer notre gratitude, nos émotions.

Autour de moi les grandes personnes sentaient et certaines même sentaient fort, pour ne pas dire mauvais. Chacune avait une odeur particulière, pas toujours agréable au demeurant, avec laquelle il me fallait trouver la bonne distance.

LA VOISINE du dessus, une veuve envahissante, sentait la poussière et le café froid. Elle voulait à tout prix nous embrasser, mon frère et moi, nous serrer dans ses bras, nous prendre sur ses genoux et nous raconter comment la vie avait été dure pour elle depuis la mort de son mari. Ce dernier avait été tué dans une manifestation qui avait mal tourné : « Il est mort par erreur, c'est pas lui qu'on aurait dû tuer. Tu comprends, me disait-elle, il était croix-de-feu, il pouvait pas sentir les rouges. Ceux-là, Hitler a bien fait de les envahir, et c'est pas fini, parce qu'ils sont toujours là, ils attendent le moment favorable pour tout nous prendre ! Toi, tu ne peux pas tout comprendre, mais dans cette maison, il y a des cocos, il faut te méfier d'eux, ils croient que j'ai des économies, alors que je ne peux même pas m'acheter un manteau pour l'hiver… Ils disent qu'ils veulent nous socialiser, nous rendre tous égaux, mais surtout ils veulent que l'on soit d'accord avec eux ! Et être d'accord, c'est se taire, sinon t'es un traître. Ta mère va à l'église, moi mes jambes ne me portent plus, je vais lui demander de prier pour moi et toi aussi tu dois prier pour moi. »

Elle prenait un peu de temps pour réfléchir, puis ajoutait : « Le bon Dieu, il aime bien les enfants, il les écoute, c'est son métier. Moi, je n'en ai jamais eu, je pouvais pas à cause de mes organes. » Elle me parlait de son utérus qui était inversé ou qui s'était retourné : « Des histoires de femmes que les hommes ne comprennent pas. Eux, ce qui les intéresse, c'est le trou. Ils veulent s'installer dedans tout de suite, chaque fois qu'ils le peuvent. » Au début, ce trou m'intriguait, je ne voyais pas où il pouvait être. Ensuite je l'ai banalisé, l'associant à l'expression souvent entendue : « Il faut savoir faire son trou ! »

À partir de là, elle se lançait dans des explications sur les hommes qui ne pensaient « qu'à ça ». « Toi, tu ne seras pas comme eux, tu t'intéresseras aux sentiments et surtout à l'âme. Les sentiments et l'âme chez les femmes, c'est le plus important. C'est comme ça que tu seras aimé, crois-moi ! » Je n'osais demander quels étaient ces sentiments si importants auxquels il fallait s'intéresser en premier et où se trouvait l'âme, comment et à quoi on pouvait la reconnaître. Mais cette femme adorait me parler de ses organes, jamais de son âme.

« À toi, je peux tout dire, tu ne comprends pas tout, mais ça me fait du bien, tu sais écouter et surtout te taire, ça c'est important ! » Pour ses organes du bas, « ceux de l'intérieur », précisait-elle, ses explications variaient chaque fois et je mélangeais « matrice », « trompes », « pertes », « saignements », « fibromes », « kystes ». Elle faisait des gestes circulaires où il était question de descente d'organes, d'utérus inversé bien sûr, et soudain elle soulevait sa blouse noire, remontait sa combinaison et me montrait sur ses cuisses des vergetures violettes, boursouflées comme un fruit trop mûr. Elle me confiait aussi, à voix plus basse et en se penchant vers moi, les coups qu'elle avait reçus de la part de son oncle, « et même plus ! ». Je n'ai jamais éclairci ce « plus », mais il me semblait terrifiant et surtout injuste. Car même si je ne l'aimais pas, elle me faisait pitié et j'avais envie d'être gentil et serviable avec elle, surtout à cause des vergetures. J'avais honte pour elle, car par une association d'idées dont je n'ai entendu les ramifications que plus tard en analyse, je croyais qu'on l'avait battue parce qu'elle n'avait pu avoir d'enfant !

LE VOISIN de gauche, lui, était contrebassiste dans l'orchestre du Capitole. Il sentait l'eau de Cologne et la crème à raser. Il portait, à toute heure de la journée, un nœud papillon et une chemise blanche, mais il avait des yeux méchants et des mains imprévisibles. Chaque fois qu'il me voyait, il sautillait vers moi et ses mains se mettaient à malaxer mes cuisses, mon dos, mon ventre même. Je me tortillais autant que je pouvais et m'en sortais en disant : « Votre femme est à la fenêtre, je crois qu'elle vous a fait signe ! » Il s'éloignait aussitôt, sans lever la tête vers sa maison et rentrait chez lui en redressant son nœud papillon, qui, dans ces moments-là, avait tendance à pencher sur la gauche.

Mon copain Bébert disait de lui : « Il est pas clair, ce mec, de toute façon il doit voter bourgeois ! » « Voter bourgeois » était pour Bébert l'avanie suprême. Bébert, lui, sentait l'eucalyptus, l'herbe sèche, la vie en plein air. Je dirais aujourd'hui qu'il avait sur lui une odeur de ciel bleu.

L'épicière sentait le tapioca et le rutabaga et mon ami Marcel la naphtaline. Élevé par sa grand-mère, qui avait la haine des mites, il devait porter en permanence sur lui des boules de naphtaline, cousues à l'intérieur de ses pantalons et de ses pulls. Ce n'était d'ailleurs pas désagréable : de plus cette odeur me rassurait, elle m'annonçait sa présence avant même que je le voie.

OUI, j'ai eu bien des enfances, faites d'odeurs uniques, qui ne se mélangeaient jamais, qui marquaient un rituel, une atmosphère particulière, un événement, qui appartenaient à un temps de vie immuable qui ne pouvait ni s'effacer ni disparaître.

Il y avait bien sûr les odeurs qui balisaient des sentiments et des ressentis aussi divers que la fulgurance d'une colère, l'irruption de la peur, l'anticipation du plaisir, le regret ou le souvenir aigu d'un moment rare.

Il y avait aussi des odeurs fidèles, récurrentes. Comme celle de la purée. De la vraie purée épaisse et grasse, faite à la main. Une purée à l'odeur de tendresse qui nous saisissait, mon frère et moi, au retour de l'école, tous les mercredis et les vendredis, décrétés une fois pour toutes : « jours de la purée ! ».

Autour de cette purée déposée dans l'assiette, j'avais tout un rituel, comme de creuser un trou que j'élargissais au maximum pour que ma mère puisse y verser un faux jus de viande. Car la plupart du temps il n'y avait que le jus, la viande étant restée chez le boucher. Je construisais alors des rigoles, des barrages, tout un système avant de pouvoir, avec des gestes brusques, mélanger le tout et l'avaler.

Et aussi les odeurs du jardin, quand mon beau-père, tôt le matin, arrosait les tomates, les haricots verts, et quelques autres légumes que je détestais d'ailleurs. En bougonnant, il n'oubliait jamais les fleurs, tout en sacrant à mi-voix : « Des fleurs inutiles, qui prennent la place des courgettes et des potirons, qui peuvent se manger, eux ! » Fleurs simples de jardin, qui faisaient tant honneur à ma mère qui les offrait aux voisins et connaissances. Durant toute cette enfance-là, ce fut notre seul luxe, à nous qui étions si pauvres que nous achetions la nourriture à crédit : pouvoir offrir des fleurs, simplement pour faire plaisir !

Les tomates, dans mon souvenir, avaient une odeur poivrée, une odeur généreuse qui scintillait dans les gouttes d'eau ruisselant sur les rondeurs et la peau lisse des fruits.

En écrivant surgissent sans cesse des associations libres ; ainsi me revient à l'esprit un souvenir.

Je me dois de dire, avant tout, combien je suis reconnaissant à la jeune fille de mes dix-sept ans, l'*inoubliable* qui me donna mon premier baiser. Je ne la remercierai jamais assez de m'avoir conseillé, au deuxième baiser : « Tu sais, Jacques, il est possible de se laver plusieurs fois par semaine et même parfois tous les jours ! » À l'époque, je croyais très sincèrement que deux fois par mois, plus la piscine de temps en temps, c'était largement suffisant !

Merci à elle de m'avoir alerté et ainsi libéré de quelques possibles déconvenues et désillusions à venir.

≈

« L'enfance a ses odeurs. »

JEAN COCTEAU

Voyages d'enfance

LE SEUL VOYAGE, je veux dire le seul déplacement réel sur une longue distance que je fis durant mon enfance, fut à sens unique. C'est celui qui m'emporta en ambulance vers le sanatorium où je devais passer quatre ans.

Autrement, c'est sur la Garonne que mes rêves se transformaient en voyages. Je m'allongeais au creux d'une dune sèche et je me laissais emporter par mes songes. Je me voyais nageant jusqu'à Bordeaux. Arrivé à l'Océan, l'immensité m'arrêtait, car je me sentais soudain trop petit. C'est alors que la mappemonde de Marcel prenait le relais. Je tentais d'y repérer la source et l'arrivée au bord des mers et des océans des grands fleuves du monde. Certains traversaient plusieurs pays. C'est ainsi que je me déplaçais, toujours nageant, de façon quasi aérienne, sur les vagues de la Volga, du Danube, du Mississippi, du Brahmapoutre, du Yang-tsé Kiang, du Gange, du Rio Grande. Je pressentais bien qu'il me faudrait trouver un autre moyen pour m'enfoncer dans les terres, rencontrer les habitants, me confronter à une nature plus ou moins hospitalière, mais je restais au bord des fleuves, rassuré par la présence toujours renouvelée de l'eau, nourri par le clapotis des flots, bercé par les tourbillons qui m'entraînaient toujours plus loin.

Ainsi, durant plusieurs années, mes voyages imaginaires me permirent de survivre, d'échapper à une réalité trop aride, trop stérile : celle d'un quartier fermé sur lui-même, dans lequel malgré les copains et la bande j'étouffais. Voyageur immobile, mais explorateur insatiable, je parcourais le monde à la recherche d'un espace, d'un territoire qui ne soit qu'à moi. Ce désir m'habita longtemps, j'aurais voulu découvrir un royaume inconnu, enclos de montagnes inviolables, bordé par une mer ignorée de tous. Ce fut un rêve fou, que j'ai failli réaliser.

Au moment de choisir un lieu de vie, vers cinquante-cinq ans, un endroit où je pourrais me poser, j'ai découvert dans une annonce un domaine à vendre dans le Gard, bordé sur deux kilomètres par le Gardon, protégé par un pont, seul lieu de passage pour accéder à ce territoire de deux cents hectares enchâssés dans le cirque d'une montagne. La maison de maître était splendide, mais dans un état de décrépitude trop avancé pour mes ressources. C'était le lieu idéal pour me réfugier, me protéger, vivre à ma façon, sans avoir à rendre de comptes à quiconque. J'ai visité plusieurs fois ce domaine, cherchant comment pouvoir l'acquérir, sans jamais y parvenir, l'endettement aurait été une contrainte au-dessus de mes moyens et surtout de mes valeurs : ne jamais acheter à crédit.

Je ne sais combien de mes voyages à vivre sont ainsi restés dans mon imaginaire, mais de toute façon, ils ont été chacun à leur manière suffisamment nourrissants et stimulants pour entretenir le désir.

≈

L'enfance est aussi le temps des voyages immobiles,
de ceux qui nous emportent loin,
bien au-delà du présent.

La grande toilette

JE VOUDRAIS parler encore de la toilette. En fait, je me lavais trois fois par semaine en été et deux fois en hiver. L'hiver c'est largement suffisant, c'est bien connu : on se salit moins ! En été, mes trois toilettes se répartissaient de la façon suivante.

Une première fois à la piscine, le jeudi après-midi. C'était l'occasion d'économiser le savon de la maison. Le directeur de cet établissement prestigieux (réalisé après la victoire aux Jeux olympiques d'un natif de la ville) prenait soin de mettre à la disposition des enfants qu'il savait récalcitrants ou que la propreté terrorisait (c'était mon cas) un gros morceau de savon noir, tout près des douches obligatoires.

La seconde fois, chaque lundi soir, où nous allions aux bains municipaux. Pour la tête et un peu pour le corps, ma mère nous remettait alors un shampoing destiné à éliminer tous les parasites, qui semblaient trouver abondance de biens dans notre quartier.

La troisième fois, le samedi après-midi – de façon à

être « tout propre pour le dimanche –, c'était le bain dans la lessiveuse familiale, chauffée soit à l'eau du gaz, soit à l'eau du soleil, dont j'ai déjà parlé.

En hiver, se laver deux fois par semaine était donc amplement suffisant. Une fois aux bains municipaux, le jeudi, et une fois à la maison, le samedi. Là il fallait juste décrasser les genoux, d'autant plus que nous portions des culottes courtes, frotter les coudes et derrière les oreilles.

Je ne sais plus exactement jusqu'à quel âge ma mère m'a lavé « le possible et l'impossible ». Peut-être jusqu'à mes sept ans. Ce que je sais, c'est qu'elle finissait de me sécher le dos, le ventre et les fesses avec des bisous légers. Si bien qu'encore aujourd'hui, j'ai la peau des fesses lisse et fraîche comme celle des joues de jeune fille, très recherchées (les joues de jeunes filles !).

LA TOILETTE du samedi devint un cauchemar quand je découvris la pudeur. La pudeur, c'est quand on a besoin de cacher son zizi ou quand être vu en slip dans la maison devient une gêne. Chez moi, cela commença après la visite des trois hommes de la Kommandantur, dont je parlerai plus tard. La pudeur déclencha des angoisses terribles autour d'une préoccupation existentielle fondamentale : comment ne pas être vu le cul nu !

Chaque samedi avant l'épreuve du bain, je construisais un mur en empilant trois chaises, posant dessus mes vêtements, quelques bouts de carton pour former un véritable rempart d'où seulement ma tête pouvait dépasser. Le malentendu avec les adultes, c'est qu'ils croient toujours que les enfants sont des enfants ! Il est quasi impossible de les défaire de cette croyance infondée, d'autant plus qu'ils utilisent une phrase équivoque, à sens multiples : « Allez, arrête de faire l'enfant ! »

Quand la voisine du dessus débarquait sans prévenir, mais avec une ponctualité redoutable, au moment le plus délicat où j'étais sans défense dans la lessiveuse, j'entrais en souffrance. Elle se croyait obligée de tourner tout autour de la bassine en commentant mon agitation et mes contorsions : « Tu sais, je sais ce que c'est, j'ai été mariée durant trente-deux ans ! » Je ne voyais pas le rapport avec moi. Et quand elle ajoutait : « Même si je n'ai eu que des filles, je sais comment est fabriqué un garçon ! », je trouvais cette remarque débile. D'abord et d'un : je n'avais pas été *fabriqué*, j'avais été *conçu* (la remplaçante du maître nous avait expliqué en CE2 que les enfants sont conçus par les parents, ce qui voulait dire que le père et la mère avaient mélangé leur amour). Et de deux : moi, j'étais un enfant de l'amour. C'est en faisant l'amour (je ne savais pas comment ils s'y étaient pris) que Pierre, mon géniteur de quinze ans, et ma mère, jeune fille de dix-neuf ans, m'avaient conçu. (Oui, j'ai cru longtemps qu'elle avait dix-sept ans, mais j'ai vérifié nos dates de naissance respectives, la sienne (1915) et la mienne (1935), et je crois qu'il est temps de rétablir la vérité !) Même si à l'époque, je ne savais pas exactement comment ils avaient fait, je venais bien de ces deux-là ! Ils s'étaient rencontrés dans la ferme où elle était bonne à tout faire et lui apprenti horticulteur ou jardinier. Ils *m'avaient fait* dans la chambre à grains, m'avait seulement dit ma mère, « un samedi après-midi, où la patronne n'était pas là ! ». J'avais été conçu sur le plancher velouté d'une grange par deux adolescents qui découvraient, au-delà de l'amour, leurs corps et leurs désirs.

≈

« La vraie propreté,
c'est quand on se sent propre à l'intérieur de soi. »

MA GRAND-MÈRE

La vie des saints

Jusqu'à mes huit ans, nous n'avons eu que trois livres à la maison. Un très vieux dictionnaire médical, celui que François-Vincent Raspail avait écrit au milieu du XIXe siècle, qui s'appelait, je crois, *La Médecine pour tous ou Traité de médecine populaire* et *La Vie des saints* en deux volumes.

Le livre de Raspail avait une vertu précieuse, celle de pouvoir nous guérir par le seul fait de l'ouvrir. Il suffisait à ma mère de le prendre, de s'installer sur une chaise, de le poser sur ses genoux, de murmurer : « Voyons, voyons ce que va me dire le Raspail », de le feuilleter distraitement, puis d'un seul coup de le refermer en disant : « Je crois que ça ira comme ça ! » Elle nous regardait, mon frère ou moi, souriait, tapotait notre joue et nous étions requinqués, déjà debout pour nous échapper et aller jouer à perdre haleine. Ce livre miraculeux a disparu de notre vie, je ne sais comment, je ne l'ai jamais retrouvé et il m'arrive encore chaque fois que je croise un bouquiniste de demander s'il n'aurait pas ce livre magique, le Raspail, que nous appelions aussi entre nous le « Raspaillou » !

La Vie des saints nous a aussi beaucoup servi, dans un tout autre domaine. Ce livre remplissait trois fonctions principales. Tout d'abord il servait de référence absolue à ma mère pour la vie de saint Antoine de Padoue, ce saint qu'elle révérait entre tous et sur lequel elle s'appuyait en toutes circonstances et surtout pour affronter les situations qui semblaient sans issue. En second lieu, les volumes, très épais, étaient indispensables pour les repas pris à la maison : les deux tomes, empilés, étaient utilisés quand nous étions tout petits, mon frère et moi, pour être placés sous nos fesses, afin d'avoir la tête (et surtout la bouche) à la hauteur ad hoc pour prendre nos repas à la table familiale. Le troisième usage provenait du fait qu'il contenait des dessins et en particulier une image qui décrivait un épisode douloureux (c'est peu de le dire) de la vie de sainte Blandine. Une sainte qui semble un peu oubliée aujourd'hui, dont on ne parle plus guère et dont je me permets de rappeler l'histoire, autant que je m'en souvienne.

BLANDINE était une servante convertie (devenue depuis la sainte des servantes), qui fut martyrisée en 177 à Lyon, dans un amphithéâtre romain dit « des Trois Gaules ». Elle avait été dans un premier temps condamnée à être dévorée par des lions, qui, en l'approchant, sympathisèrent avec elle. Ce retournement de situation ne découragea pas pour autant ses persécuteurs : elle finit sa vie éventrée par un taureau. Dans le premier tome de *La Vie des saints*, elle était représentée attachée à un poteau, à la fois éplorée et sereine dans sa robe blanche déchirée, un taureau aux naseaux fumants piaffant d'impatience à l'arrière-plan. Un de ses seins était ainsi quasiment dévoilé, très peu je vous l'accorde, mais suffisamment pour stimuler une imagination galopante vers des horizons qui demeuraient toujours inaccessibles. Je devais découvrir plus tard que c'était toujours le cas dans ma relation avec les différents horizons féminins de ma vie !

Ce livre était réservé trois mois à l'avance par tous les garçons du quartier ; il était devenu pour eux *La Vie des seins*. Il ne pouvait être consulté que sur place, c'est-à-dire dans une cabane au fond du jardin. Le sein de sainte Blandine, à peine esquissé mais si présent, m'a fait beaucoup rêver. Entre copains du quartier, nous en parlions avec respect sans aucune anticipation ironique mais plutôt comme d'un talisman qui pourrait nous rendre heureux, sans que nous sachions exactement comment. Ce sein devait d'ailleurs revenir habiter mes songes, lorsque l'année de mes neuf ans une cousine de mon beau-père vint vivre quelques semaines chez nous.

Une nuit elle entra dans ma chambre, en chemise de nuit légère et transparente, alluma la lumière et, les yeux à demi fermés, elle s'avança vers le petit appentis qui contenait le seau servant à nos besoins nocturnes. La bretelle de sa chemise ayant glissé le long de son bras, un de ses seins, magnifique, apparaissait, lumineux, tout vibrant. J'avais ouvert les yeux d'un seul coup, puis les avais refermés à demi, pour garder encore un peu de cette image vivante qui passa trop vite, pour disparaître à jamais, car ladite cousine se retourna brusquement et sortit de la chambre.

Cette vision merveilleuse resta longtemps en moi. Un sein tout rond, avec une large aréole sombre et un téton grenu, dressé droit, dans la direction d'un désir dont j'étais absent. J'ai ainsi engrangé dans mon imaginaire un nouveau modèle de sein (après celui de ma mère qui m'a nourri jusqu'à trois ans et demi), modèle unique qui s'est inscrit dans un coin de ma mémoire, à la fois immense et tâtonnante. Cet instant a conditionné pour toujours une grande partie de mes relations avec les femmes et ma fascination permanente pour leur poitrine.

Le deuxième tome de *La Vie des saints* était plus usé que le premier, car il avait été régulièrement placé directement sous les fesses de mon petit frère qui parfois, à peine énoncé son besoin d'aller aux toilettes, ne pouvait se retenir… et se répandait ! C'est ainsi que la couverture et les premières pages manquaient à cet important et nécessaire deuxième tome, ce qui n'était pas grave car nous ne le consultions pas, d'autant plus qu'il n'était jamais réclamé par les copains du quartier.

J'AVAIS à l'époque des sentiments partagés, un peu conflictuels, autour du courage, de l'héroïsme et de la compassion manifestés par ces saints des premiers âges de la chrétienté. Je me demandais pourquoi ils n'avaient pas agi dans l'ombre comme Zorro ou comme le Cavalier blanc, mes héros préférés. Des courageux au sang pur, qui savaient œuvrer sans relâche à réparer les injustices. Mais ces premiers chrétiens s'évertuaient à répandre et amplifier publiquement la parole du Christ chez le maximum de païens, sans penser à leur avenir ! D'accord, ils devenaient des saints, mais ils auraient pu servir Dieu le plus longtemps possible, au lieu de se faire massacrer pour Lui.

J'ai compris plus tard que tout sacrifice remplit des fonctions importantes, non seulement celles de proposer un modèle ou d'offrir un exemple, mais surtout de marquer les esprits, d'engendrer de la culpabilité quand surgit en nous la tentation d'être heureux. Le dévouement, l'abnégation, le sacrifice de sa propre personne laissent suffisamment d'impacts et de traces au plus profond de nous pour donner à croire que l'autre est plus important que nous.

J'ai traversé ainsi, dans mon adolescence, une période de sacrifices, de mortifications, de privations en pensant que cette attitude morale pourrait changer le monde, qu'elle aiderait les autres, tous les autres, à aller mieux. Tout au moins un peu, un tout petit peu mieux. Mes ambitions dans ce domaine furent somme toute modestes et surtout versatiles.

≈

J'aurais voulu être un saint,
juste pour savoir ce que c'est,
d'être capable de faire un vrai miracle.

La première fugue

Au milieu de la troisième année d'école primaire (CE2), comme un grand, tout seul, sans en parler à personne, j'ai fait une première fugue. Je vivrais la seconde deux ans plus tard.

À l'époque, je ne savais pas que c'était une fugue, je voulais seulement m'éloigner et peut-être disparaître. J'ai pris la décision de partir, au soir d'un dimanche morose qui s'était traîné toute la journée entre désirs et interdits, entre envies et dégoûts, entre lassitude et espérance. Je voulais partir, j'étais décidé à quitter la maison pour ne plus jamais y revenir. Laissant généreusement et rageusement la place à mon frère : « Comme ça, tu auras toute *ma* mère pour toi tout seul ! » lui ai-je dit assez fort pour qu'il entende mais pas trop pour ne pas le réveiller, car il dormait déjà.

Je suis parti à la tombée de la nuit, après un dernier baiser de celle que je laissais à ce frère que je commençais à aimer. Mes sentiments à son égard oscillaient entre amour et haine, entre tendresse et violence. J'avais déposé au bas de son petit lit une pierre rouge qui avait vaguement la forme d'un ours. C'était pour lui tenir compagnie, car même si je l'aimais modérément (à cette époque), lui m'aimait beaucoup. Plus je lui faisais de misères, plus il souriait, ravi de me voir, gloussait chaque fois que j'entrais dans son champ de vision et bavait de contentement à mon approche. J'avais donc décidé de lui laisser ma place, toute la place. Déjà l'esprit de sacrifice !

J'emportais dans une vieille valise en carton bouilli quelques-uns de mes trésors : un album des *Pieds Nickelés*, une fronde rudimentaire, une boîte en fer-blanc remplie avec des coquillages, une paire de jumelles de théâtre (qui ne possédait qu'une seule lentille du côté droit) et un couteau suisse (auquel il manquait trois lames, mais qui était muni d'un tire-bouchon, d'une mini-scie et d'une lame entière bien affûtée). Vêtu d'habits d'hiver et d'un grand manteau qui descendait jusque sur mes chevilles et me faisait ressembler à un clochard, je suis sorti dans la nuit, sans espoir de retour.

Mon but : le « bois de chez Gentil ». Il s'agissait d'un bosquet planté d'une vingtaine d'arbres, qui marquait la limite de la ville avec des restes de campagne. La ramure épaisse faisait que le sous-bois y était très sec et confortable en toutes saisons, tapissé de feuilles mortes et de quelques rochers blancs aux formes tarabiscotées sur lesquels on pouvait chevaucher des coursiers écumants ou des dragons volants. Le « bois de chez Gentil » était un terrain de jeux secret, connu de mon seul autre ami : Marcel. Nous y avions construit ensemble une cabane, cachée dans les branches basses d'un orme. Je pensais sérieusement vivre là, loin des humains, pour réfléchir à ce qu'allait devenir ma vie.

Une vie sans lavages obligatoires, sans coiffeur, sans commissions à faire, sans école, sans parents, sans avoir l'obligation de dire bonjour aux gens du quartier et surtout sans l'humiliation d'avoir à s'entendre dire, chaque fois que j'étais « de course », chez l'épicière du coin : « Ah oui, les Salomé, vous ne pouvez jamais payer tout de suite ! Je note tout ! » Elle ne pouvait s'empêcher d'ajouter chaque fois, pour que tout le monde entende : « Ceux qui peuvent pas payer à la fin du mois, ils doivent faire attention, on a beau être généreux, mais le crédit, c'est pas donné ! Quand le carnet est trop lourd, moi je le lâche et c'est fini pour eux. » Pour accompagner ses paroles, elle fauchait l'espace de sa main, avec un geste qui était censé nous chasser hors de son épicerie, nous réduire à la famine... Cette séquence me terrorisait tout en me remplissant de honte. Tous les clients savaient que nous achetions à crédit. Dans ma tête, cela voulait dire que nous étions vus comme des mendiants. Et moi, je ne me sentais pas mendiant. Durant une grande partie de ma vie, je n'ai pu demander, car demander c'était l'équivalent de mendier !

MA FUGUE dura en tout et pour tout une journée, c'est Marcel qui me retrouva le jour suivant, en fin d'après-midi. Il me donna son pull, car il voyait que j'avais très froid, me prêta le dernier numéro du *Journal de Tarzan* et m'emmena chez lui où il faisait chaud. Autour d'un chocolat au lait, je lui racontai mon projet « de changer de vie, de partir loin, de devenir quelqu'un ». Je ne connaissais pas à l'époque la notion d'étranger ; loin, c'était plus loin que la Garonne, vers la mer, c'était ailleurs.

Marcel me poussa à parler et je rêvai à haute voix devant lui. Le seul commentaire qu'il fit me stupéfia : « Peut-être que tu voulais faire souffrir ta mère ? » Moi, faire souffrir ma mère ? Pas du tout, je lui laissais mon frère en entier ! Plus tard, beaucoup plus tard, j'ai compris que j'ai souvent voulu mettre à l'épreuve les liens que j'avais tissés avec l'une ou l'autre des personnes importantes de ma vie. Comme si j'avais besoin de vérifier la solidité de l'amour que l'on pouvait me porter, comme si je devais éprouver la force des sentiments que l'on m'assurait avoir pour moi...

À la maison, dans les jours qui suivirent, aucun d'entre nous ne parla jamais de cette fugue. Ma mère ne me trouvant pas dans mon lit au petit matin avait pensé que j'étais allé servir une messe d'enterrement plus matinale que d'habitude, ce qui arrivait parfois. Cette première fugue resta donc ignorée de tous, à l'exception de Marcel et de moi.

MON FILS Éric avait déjà plus de quarante ans quand il me raconta comment il avait fait, au même âge que le mien, l'école buissonnière durant huit jours : « Parce que j'en avais assez d'être sage et surtout d'être obligé d'obéir à ma sœur aînée ! Parce que j'avais besoin de savoir ce que c'était de désobéir », m'a-t-il dit un matin de vacances, au petit déjeuner. Au troisième jour, s'ennuyant un peu, il avait entraîné sa sœur Marine dans ses errances. Mais ce jour-là, à peine avaient-ils dépassé les limites de leur quartier que des adultes bien intentionnés, les voyant à onze heures du matin avec leurs cartables sur le dos, les interrogèrent et, les prenant par la main, leur demandèrent d'indiquer où ils habitaient. Marine, la plus intrépide, montra à quelques rues de là un immeuble inconnu, qui dépassait les autres maisons. Arrivés devant, l'un et l'autre s'échappèrent et, par les caves, débouchèrent tout près de chez nous.

« Moi, je ne voulais plus me faire prendre par le bras, surtout par des inconnus qui sentaient la sueur, m'a dit Marine, alors j'ai décidé que je devais être malade, que j'aurais mal au ventre jusqu'à la fin de la semaine. Et durant près d'une heure, le lendemain avant le petit déjeuner, j'ai appuyé de toutes mes forces avec mes deux poings sur mon ventre, pour essayer d'avoir vraiment mal afin de justifier la venue du médecin. Maman nous avait avertis : "Attention à vos fesses si vous me racontez des mensonges et que vous m'obligez à faire venir le docteur pour rien !" » Le médecin jeta un regard bref sur Éric, qui feignit de grimacer pour suggérer quelques douleurs diffuses dans tout son corps, puis il regarda longuement

Marine, posa sa grande main sur son front et dit : « Il n'y a rien de grave, un peu de repos leur fera du bien. » Leur mère fit un mot d'excuse pour l'école, sans préciser la durée de leur absence, et tout rentra dans l'ordre.

Quand, plus de trente ans après, Marine me raconta cet épisode de sa vie d'enfant, sa fille Émeline l'écoutait avec une grande attention décrire les péripéties de cette semaine agitée. Un peu plus tard, je la vis rire aux éclats, en faisant le même geste que sa mère, appuyant de toutes ses forces sur son ventre, pour vérifier si ces triturations pouvaient nécessiter la visite d'un médecin. Son commentaire fut, en regardant sa mère et en riant : « J'ai pas de veine, je n'arrive pas à avoir mal, il faudra que je trouve un autre truc si je veux manquer l'école ! »

JE RESTE toujours émerveillé par l'inventivité des enfants, par leur capacité à trouver des solutions, à déjouer la logique des adultes, par leur créativité pour entretenir l'aveuglement de leurs parents ou de ceux qui les entourent.

Mais le plus troublant est de reconnaître, outre les répétitions, les synchronicités qui circulent entre leur vie et la nôtre. Entre ce qui nous est arrivé, à nous parents, à tel âge, et ce qui va surgir dans leur vie, des années plus tard, au même âge ! Je suis à la fois émerveillé et parfois dubitatif en découvrant les manifestations de fidélités tenaces, l'impact des loyautés invisibles qui tissent une partie de leurs comportements, qui tricotent leur présent avec notre passé. Parfois avec celui de leur père, d'autres fois avec celui de leur mère et d'autres fois encore, en sautant une génération, avec l'histoire de l'un ou l'autre de leurs grands-parents !

≈

Une fugue est avant tout un enchantement.

La faim

J'AI TOUJOURS eu faim. Je suis resté de longues années dans la frustration d'avoir été privé du sein de ma mère, autour de mes quatre ans, avec l'arrivée de mon frère. Non seulement une blessure importante liée à l'injustice a dû naître à ce moment-là, mais j'ai dû inscrire aussi en moi cette faim primaire qui ne m'a jamais quitté. Un état de fringale permanente, qui a fait que, par la suite, il n'y avait jamais assez, jamais trop, jamais au bon moment. Ce n'est pas douloureux d'avoir faim ; ce qui l'était, c'est de savoir tout le gaspillage qui m'entourait et dont je me sentais exclu.

LA FAIM, c'est tout un ensemble de sensations : ce sont des odeurs qui tenaillent, qui réveillent le manque, c'est le souhait d'avoir un jour assez ou suffisamment, c'est le rêve d'être repu, comblé et même d'en avoir trop, d'avoir quelques provisions et réserves en plus au cas où. Une sorte de sécurité pour que, quoi qu'il arrive, il y ait un endroit où aller, où trouver et puiser de quoi manger, se sustenter pour survivre et affronter le présent avec plus de sérénité.

Avoir faim, c'est accepter de tout manger et manger de tout. Ne rien laisser dans l'assiette et autour de l'assiette. Ramasser la moindre miette, racler le fond de la casserole ou de la poêle, fouiller dans le placard à toute heure du jour pour tenter de trouver un petit peu de quelque chose à ingurgiter.

Chez nous, le chocolat au lait est arrivé bien des années après la fin de la guerre. Mais chez Marcel, en pleine Occupation, sa grand-mère échangeait ses tickets de tabac et ceux du grand-père contre des tickets d'alimentation, qu'elle troquait ensuite pour du chocolat en barres. Le circuit des trocs de nourriture et autres nécessités était parfaitement connu de tous les voisins, avec parfois des complications, quand les bonnes des riches bourgeoises de la rive droite venaient nous solliciter pour échanger fruits et légumes frais cultivés dans les mini-potagers entretenus au fond des courettes ou dans les minuscules jardins de notre quartier. Ne laissant que des restes ! J'ai vécu longtemps dans la culture des restes.

À trente ans, j'ai été profondément marqué par le récit d'un ami, plus âgé. Prisonnier en Silésie, il s'était évadé et avait parcouru à pied quelque mille huit cents kilomètres, pour rentrer chez lui et retrouver sa femme, enceinte. « Je voulais voir mon enfant et rien ne m'aurait arrêté, j'étais prêt à tuer, à voler, à surmonter toutes les souffrances. Au deuxième jour de mon évasion, j'ai volé une pelle dans une ferme, quelques jours après un pantalon et plus tard encore un pull et une veste, ce qui m'a permis de voyager plus facilement en plein jour avec ma pelle sur l'épaule. J'évitais les villes, contournais les villages, traversais les lieux habités la nuit. Chaque fois que je trouvais quelque chose à manger, une pomme de terre, un morceau de pain rassis, n'importe quel légume ou truc innommable, mais mangeable, je le gardais dans ma main gauche ou dans ma poche avec la main dessus. Je ne le dévorais que lorsque j'avais trouvé quelque chose d'autre à manger. Il m'est arrivé de garder ainsi deux, trois jours de suite un morceau de pain, une carotte, un rutabaga à moitié pourri dans ma main, de marcher avec ce viatique, sur lequel je m'appuyais farouchement, porté par ce soutien, jusqu'à ce que je puisse le remplacer dans ma main par autre chose et poursuivre ainsi ma route, avec une seule pensée à court terme : trouver quelque chose pour continuer à apprivoiser ma faim, et une autre pensée à plus long terme : voir mon enfant. »

LA FAIM a beaucoup de visages, celle de voir son enfant a été très nourrissante pour cet ami. Les faims innombrables qui ont traversé mon existence ont nourri beaucoup de rêves et de projets tout au long de ma vie. Je sais aussi que j'ai dévoré avec avidité des jours que je n'ai pas su offrir à l'amour, en particulier quand je n'arrivais pas à dire « je t'aime », quand je n'osais m'abandonner. La faim ne nous rend pas généreux.

Je retrouve dans *Ritournelle de la faim* de J.M.G. Le Clézio des échos qui résonnent juste en moi, même avec une culture musicale tardive. « Ma mère, écrit-il, quand elle m'a raconté la première du *Boléro*, a dit son émotion, les cris, les bravos et les sifflets, le tumulte… Ma mère m'a confié que cette musique avait changé sa vie. Maintenant je comprends pourquoi. Je sais ce que signifiait pour sa génération cette phrase répétée, serinée, imposée par le rythme et le crescendo. Le *Boléro* n'est pas une pièce musicale comme les autres. Il est une prophétie. Il raconte l'histoire d'une colère, d'une faim. Quand il s'achève dans la violence, le silence qui s'ensuit est terrible pour les survivants étourdis. »

≈

Ce n'est pas manger à sa faim
qui est le plus important,
c'est de n'avoir plus l'angoisse,
dans sa tête et son ventre,
de sentir la faim.

Quand je prenais sur moi la tristesse de ma mère

JE CROIS que beaucoup d'enfants fidèles prennent sur eux, comme s'ils voulaient le soulager ou l'en décharger, une part de tristesse ou d'incomplétude qu'ils ont perçue, entendue ou captée chez l'un ou l'autre de leurs parents.

Je ne sais quand cette mission a commencé dans mon histoire. Peut-être est-ce un jour d'automne où, rentrant de l'école, j'ai vu ma mère assise au bas de l'escalier qui menait au jardin. J'ai regardé longuement son dos, sa tête penchée, ses mèches rebelles, le pli froissé de sa blouse, qui formait comme une bosse disgracieuse dans son cou. Puis je me suis assis silencieusement de la même façon, derrière elle, tout en haut des marches. Pour la première fois de ma vie, je la voyais inoccupée, ne faisant rien de ses mains, simplement assise à rêver, à songer, à attendre je ne sais quoi.

QUAND je me suis approché, elle a tenté un sourire, comme chaque fois qu'elle me voyait, tout en essuyant d'un geste vif quelque chose sur son visage. Au brillant de ses yeux, j'ai vu qu'elle avait pleuré. Je n'ai rien dit, j'ai laissé peser ma tête dans son giron, au creux doux de ses cuisses. Elle a étendu sa main gauche sur ma tête, posé sa main droite sur mes fesses, m'enveloppant, ainsi qu'à son habitude, d'une protection absolue. Ce fut dans un murmure qu'elle a articulé une seule phrase, détachée de l'ensemble de ses pensées : « Il ne faut pas que je vieillisse trop vite, sinon ma mère ne pourra pas me retrouver. »

Je n'ai rien compris à ces propos, du moins dans un premier temps j'en ai isolé un bout, entendu seulement une partie. Je ne voyais pas ma mère vieillir, bien au contraire, je la trouvais très jeune, pimpante, joyeuse. Joyeuse dans son corps, oui, mais sans cesse avec à l'arrière-plan une tristesse mélancolique, à la fois fugitive et persistante. Je savais, et j'en avais le cœur serré, qu'elle avait toujours espéré qu'un jour sa génitrice inconnue viendrait la rechercher. Que celle qui était venue accoucher clandestinement au 29 de la rue Réclusane à Toulouse, le 20 décembre 1915, chez une sage-femme indépendante, qu'un jour cette femme qui était repartie en la laissant en dépôt à l'Assistance publique se manifesterait, voudrait retrouver l'enfant de sa jeunesse.

Au fait, quel âge pouvait avoir cette femme quand elle mit au monde ce bébé, qui passa ensuite une grande partie de sa vie à l'attendre, à souhaiter son retour ? Qui porta en elle en permanence ce désir qu'elle ciselait, polissait, enjolivait, chérissait sans faillir : « Je voudrais qu'elle me dise simplement : "C'est moi ta mère, c'est toi que j'ai gardée en cachette dans mon ventre, c'est moi qui t'ai laissée à l'Assistance publique. C'est moi qui croyais à l'époque que je n'aurais pas la force de t'élever, parce qu'il y avait trop de choses difficiles à affronter autour de moi." J'aimerais tellement qu'elle me dise : "C'est toi que je n'ai jamais oubliée tout au long de ma vie, même si je ne t'ai jamais donné signe de vie..." »

UNE DE MES ENFANCES fut sans cesse assombrie par cette tristesse, portée par ma mère depuis sa naissance. La tristesse inépuisable, sans fond, d'avoir été abandonnée. Que sa génitrice n'ait pas compris, comme elle me l'a souvent rappelé, « que je ne lui aurais jamais occasionné de soucis, que je l'aurais aidée, qu'elle aurait pu compter sur moi... ». Tristesse que j'ai tenté, je le pressens, de prendre sur moi pour l'en décharger.

Je l'ai ainsi inscrite en moi durablement, au point de m'identifier à elle. J'en ai retrouvé la trace sur les appréciations de mes carnets scolaires, jusqu'à mes neuf ans : « Enfant turbulent mais peu épanoui, triste. » C'est peut-être ce qui a donné à mes comportements cette dimension cyclothymique, discrète mais réelle, caractérisée par une alternance de phases de pétillance joyeuse et de silence morose, de torpeur accablée ou de fuite dans les rêves éveillés.

Je me sens en cela proche de beaucoup d'ex-enfants dont je perçois qu'ils portent en eux une tristesse qui ne leur appartient pas et qu'ils pourraient un jour déposer pour s'alléger, pour oser entrer dans un peu de bonheur ou plus simplement dans un peu plus de bien-être.

≈

Les tristesses les plus durables
sont souvent celles
qui ne nous appartiennent pas.

Je tenais la main de mon géniteur

Être né de père inconnu (comme cela était marqué sur mon acte de naissance) n'a d'abord représenté pour moi ni une tare ni une gêne trop grande. Ce n'est que plus tard, quand je suis devenu père à mon tour, que la blessure s'est réveillée.

Enfant, j'avais un père de remplacement, le père de mon frère, le compagnon de ma mère, mais que j'appelais le moins souvent possible papa. En fait, je m'arrangeais pour ne pas l'appeler. Ce mot ne faisait pas partie de mon vocabulaire. Car Saturnin était du genre à être plutôt père que papa.

Durant aucune de mes enfances, mon géniteur, lui, n'a pu grandir. Il est resté le même, j'ai gardé en moi la même image transmise par les rares récits de ma mère. Celle d'un garçon sec et brun, de quatorze à quinze ans, l'âge qu'il avait quand il m'a conçu. Disons-le clairement, comme l'énonçait avec une grande simplicité ma mère, « quand il a fait l'amour avec moi, un samedi après-midi, dans la chambre à grains de la ferme ». Ferme proche d'un village perdu du pays de l'Ariège, où ils vivaient tous les deux en 1934 et 1935.

C'est ainsi que durant quelques années, surtout à partir de mes sept ans, j'ai tenu la main de mon géniteur.

Quand je dis la main, je devrais plutôt dire que je posais affectueusement la mienne sur son épaule, à différents moments de la journée, quand j'avais devant moi un espace pour rêver. Geste à double sens, comme si d'un côté je pouvais prendre appui sur lui et de l'autre je l'assurais qu'il pouvait compter sur moi.

Avec ma main sur son épaule, c'est comme si je lui disais, pour le rassurer : « Je ne t'en veux pas. Je ne t'en veux pas d'être parti, d'avoir quitté maman, je ne t'en veux pas de ne pas m'avoir élevé, de n'avoir pu t'appeler papa, je ne t'en veux pas de n'avoir pu dire à mes copains : "C'est mon père, c'est mon père, il est..." Il est quoi ? Musicien, cheminot, aviateur, mécanicien, fonctionnaire ? Je m'en fous, tu es mon père. De toute façon, à quinze ans, tu étais trop jeune pour choisir un métier, tu étais à la ferme – apprenti horticulteur – mais tu avais tout le temps de choisir une autre voie. Pour l'instant donc, tu restes pour moi un éternel adolescent ».

Je sais que toutes ces dénégations peuvent paraître suspectes, même à des non-psychologues, et certains pourraient y voir au contraire beaucoup de rancœur et d'agressivité refoulée. Mais tous les ressentis ne sont pas liés à des positions défensives, il en est aussi de jubilatoires.

Enfant, je voyais mon géniteur comme un garçon qui

ne grandissait pas, seulement un peu plus âgé que moi et plutôt bienveillant et gentil. Chaque année, je brodais un peu de son histoire, disons que je l'idéalisais. Il faisait la guerre, puis était fait prisonnier, s'évadait bien sûr et combattait dans le maquis. C'était un héros, mais personne ne le savait, sauf moi. Cette image de lui me convenait et surtout me permettait de m'inscrire dans un bout d'avenir, sans me relier pour autant à son histoire réelle. Celle-ci, je l'ai découverte à cinquante ans, quand je l'ai enfin rencontré « pour de vrai ! ». C'est une histoire que j'ai pu accueillir sans être déçu, avec émotion et respect.

MA MÈRE m'avait dit qu'il était très adroit de ses mains : « Il faisait toujours quelque chose avec elles. » Elle me rappelait aussi quelquefois qu'il était timide et très poli. « Le premier soir du jour où il est arrivé à la ferme, il m'a demandé la permission de s'asseoir près de moi, à la table de la patronne, en m'appelant mademoiselle. Moi, dès le début, je l'ai appelé Pierre et ce nom était doux en moi, comme inventé pour moi seule… »

Pour ma part, je n'avais pas besoin de me forcer pour me le représenter. Il devait me ressembler, avec des yeux plissés (lointaines origines asiatiques ou amérindiennes ?) et des cheveux très noirs. Pour la taille, je le voyais plus grand que moi, plus robuste et surtout plus sûr de lui. « Il avait des épaules de danseur, mais il ne savait pas danser. Par contre, il savait courir très vite, il me rattrapait toujours, me racontait ma mère. Je ne le rencontrais qu'au fond du potager, près du tilleul. Là on était tranquilles. Il ne parlait pas, moi non plus. Tout se passait dans notre tête, dans la sienne à lui et dans la mienne encore plus. Je respectais son silence, parce qu'il m'avait montré qu'il savait se comporter comme un homme tendre et respectueux. Il ne m'a jamais forcée, c'est moi qui demandais… », me disait-elle en baissant la voix avec pudeur.

Pierre avait aimé Marie-Louise, ma mère, durant onze mois au moins et peut-être même plus sachant qu'elle portait un petit de lui. Tout cela avant que sa propre mère, Élise, ne l'enlève. « Sitôt qu'elle a su qu'il m'avait mise enceinte, elle est venue le chercher et ils sont partis, sans laisser aucune adresse. »

Mais ce garçon m'avait fait ; rien que pour cela, il méritait le respect, il m'avait donné la vie. Donner la vie à un enfant, c'est quelque chose d'incroyable. À partir d'une petite graine invisible à l'œil. Toc. La vie est là ! Une vie qui ne demande qu'à vivre. Même quand c'est difficile pour elle.

≈

La tentation d'être un bon papa
pour son propre géniteur
n'est pas toujours vouée à l'échec.

Je faisais des rêves éveillés…

JE FAISAIS de magnifiques rêves éveillés où l'héroïsme combattait le mal, l'injustice et la souffrance. Tour à tour sauveur, justicier ou modeste mais compétent artisan d'une action qui réparait, compensait les abus et les aveuglements d'un monde trop cruel envers les pauvres, les exploités, les affamés et les déshérités de la vie.

Comme j'étais un cancre à l'école, le dernier des derniers en classe, le bon à rien du quartier, celui qui était montré du doigt chaque fois qu'une bagarre se déclenchait ou qu'un incident survenait, j'avais fréquemment une image de moi négative, avec beaucoup de doutes, de peurs, de non-confiance et de non-estime.

Mais chaque soir, dans mon lit, le nez sous les draps, je faisais des rêves éveillés extraordinaires, dans lesquels j'étais un héros capable de m'élancer dans une maison en feu et de retirer des flammes un enfant effrayé ou de plonger dans la Garonne en plein hiver pour sauver une femme qui se noyait avec un, deux, trois enfants – je suis allé jusqu'à quatre la fois où j'ai imaginé que j'avais emporté une corde à laquelle ils pouvaient s'accrocher, moi nageant courageusement tout en les tirant vers la rive !

J'ajoutais, je brodais chaque soir des événements nouveaux tel celui où, déposant femme et enfants sur le rivage, je m'éloignais discrètement pour entendre les éloges dithyrambiques et les commentaires enflammés d'une foule de plus en plus nombreuse qui, lancés à la cantonade, ne s'adressaient en fait qu'à ma seule personne : « Mais quel est cet enfant héroïque qui au péril de sa vie a plongé dans une eau glacée, qui a réussi, malgré son jeune âge, à sauver trois personnes et qui, en plus, a suffisamment de modestie pour s'éclipser discrètement et refuser ainsi de se faire connaître ! » Je buvais ainsi le lait d'une reconnaissance publique enfin accordée. Savoir que je pouvais être reconnu, même si je n'y étais pas encore prêt, comme quelqu'un de courageux, de bon, de positif, quel plaisir, quelle paix en moi !

Ces rêves qu'on pourrait appeler de « restauration » m'ont certainement sauvé la vie, ils m'ont maintenu à flot – c'est le cas de le dire – dans les remous d'une existence plutôt chaotique. Je pouvais commencer la journée suivante suffisamment chargé d'énergie et de confiance en moi pour affronter en classe, dans la rue, de nouvelles disqualifications ou dévalorisations.

LE PLUS ÉTONNANT, ce fut quand, quelques décennies plus tard, une de mes filles me téléphona pour me dire : « Tu sais ce qu'a fait Bruno [un de mes fils] ? Il a plongé en plein hiver dans le Tarn et a sauvé une femme de la noyade. Il l'a déposée dans un café et, avant que les secours arrivent, il s'est éclipsé. Le lendemain paraissait un article dans le journal local : "Mais qui est ce courageux sauveteur, valeureux et modeste, qui au péril de sa vie n'a pas hésité à sauter en plein hiver dans le Tarn pour sauver une femme qui se noyait ?…" »

Ainsi il arrive, plus souvent que nous pouvons l'imaginer, que certains de nos enfants inscrivent en eux des fidélités secrètes, des loyautés invisibles. Des enfants qui se donnent la mission, à travers des comportements, des répétitions ou même des somatisations, de tenter de soulager symboliquement, d'une blessure cachée, l'un ou l'autre de leurs géniteurs ou ascendants. J'ai découvert par la suite de nombreuses synchronicités entre mon existence et celle de l'un ou l'autre de mes enfants. Elles m'ont permis d'avancer plus droit, plus léger, plus loin avec l'histoire de quelques-unes de mes enfances.

≈

De rêves éveillés en rêves éveillés
se construit la trame secrète
d'une existence.

La mémoire de nos oublis

Je croyais, parce que je les évoquais, me rappeler beaucoup de mes souvenirs enfouis au profond de mes enfances, en plus de ceux qui affleuraient, se rappelaient à moi sans prévenir. Mais je sens bien qu'il y a encore dans des recoins secrets de ma mémoire bien des situations, bien des expériences dont je ne me souviens pas, alors que je sais, que je sens qu'elles sont là, présentes, à l'œuvre, irriguant encore quelques-uns de mes comportements et conduites, nourrissant des décisions cohérentes ou m'entraînant dans des errances, stimulant des choix irrationnels, parfois un peu fous, mais qui semblent toujours nécessaires et bien fondés sur le moment.

Une de mes filles m'a rappelé récemment le jour où elle se fit renverser par une voiture et demeura quinze jours dans le coma. Sur le détail des circonstances, les souvenirs de mes enfants ainsi que ceux de leur mère divergent.

Étant la plus petite, elle était censée être sous la surveillance de son frère aîné qui, à la sortie de l'école, était chargé de l'attendre pour rentrer avec elle à la maison. Dans son souvenir, son frère avait déjà traversé la rue et se tenait sur le trottoir d'en face. Quand elle l'avait aperçu, elle avait crié : « Éric, j'arrive ! » et elle s'était élancée pour le rejoindre. Elle me certifia avoir bien entendu la voiture arriver, mais elle avait pensé : « J'ai le temps de traverser ! » Après : « Je ne me souviens plus de rien. À l'hôpital on a dit à maman que j'avais le crâne cassé et plus tard j'ai senti que des tas de choses s'étaient échappées par là. Des choses dont je ne peux plus me souvenir. La nuit, encore aujourd'hui, j'ai les yeux ouverts, je sais que je dors et en même temps je suis éveillée, je vois des formes, des silhouettes qui viennent vers moi. Je me débats et c'est mon mari qui reçoit des coups. Il ne se fâche jamais, il rit et me prend doucement, comme il sait si bien le faire, dans ses bras. »

J'aime ainsi reparler avec mes enfants de leur enfance, de leur vécu, de la façon dont ils ont traversé le quotidien d'une période peu cohérente, chaotique pour moi. Car je fus durant ces temps-là un père très absent et qui, lorsqu'il était présent, s'en tenait trop souvent aux faits, qui ne se donnait pas la peine d'accéder à leurs ressentis, à leurs perceptions intimes, à leurs vécus si différents pour un même événement. Je tranchais, je réglais ce que je croyais être leurs « problèmes », de façon à obtenir un « résultat », sans me soucier de la façon dont ils vivaient ces problèmes ! Je ne sais si je tente aujourd'hui de réparer des manques, mais j'ai le sentiment que nous nous faisons mutuellement du bien ainsi, en parlant ensemble de notre passé d'enfant, du mien, de chacun des leurs.

CET ACCIDENT arrivé à ma fille a du sens, comme tout ce qui nous arrive, et je sens bien que tous les avatars, les incidents et même les maladies graves qui ont traversé ma propre enfance naviguent encore dans mon histoire et quelquefois se déposent dans la leur. Car certains de mes enfants sont de tenaces enfants fidèles, attentifs à remettre au jour, à débusquer les blessures et les situations inachevées de ma vie.

J'aime établir ce que j'appelle des *reliances*, c'est-à-dire des ponts, des passerelles, des connexions entre différents événements de la vie de mes enfants et de la mienne. Mes propres souvenirs réactualisés, dynamisés et parfois même reconstruits avec l'aide des témoignages ou du regard de mes enfants sont riches d'enseignements et de découvertes. Ils sont porteurs de connaissances, de co-naissances mutuelles.

Je sais par évidence que ma mémoire a des trous. J'en colmate, depuis des années, quelques-uns par l'écriture, je tente de donner plus de sens à certains épisodes qui resteraient des anecdotes sans importance si je n'en saisissais pas les ramifications, si je n'entendais pas toute la *mémoire de mes oublis*. Cette mémoire des oublis, comme j'aime l'appeler, laisse des signes comme autant de traces, égrène des morceaux d'un puzzle qui sans cesse se défait et se reconstruit.

Je sais aussi que je viens, comme le disait ma grand-mère, du pays de mon enfance, du pays de mes enfances multiples, si ombreuses et parfois si lumineuses.

≈

« Le puissant et sensuel génie qui crée et nourrit les visions enfantines, qui meurt mystérieusement en nous par défaillances successives. »

COLETTE

Un souvenir enfui (enfoui !)

J'AI DÛ FAIRE dans l'une ou l'autre de mes enfances, dans les premiers temps de ma vie, un acte laid, répréhensible, peut-être un geste méchant, quelque chose d'innommable, dont je n'arrive pas à retrouver le souvenir, mais dont la trace est encore visible dans les espaces gris de ma mémoire. Je sais, je suis sûr, je sens que j'ai commis quelque chose ou que j'ai dit un mot qui a causé du tort, qui a blessé, qui a déclenché du malheur ou même qui a peut-être entraîné la mort de quelqu'un. Mais je ne sais pas de quoi il s'agit. Je ne sais pas à qui j'ai pu porter préjudice ou faire du mal. Quelque part dans les méandres de ma mémoire, il doit en rester une empreinte, un signe, car jusqu'à l'âge de trente-cinq ans (l'année de la naissance de ma dernière fille), j'ai fait régulièrement (au moins une fois par mois) un rêve récurrent, un cauchemar épouvantable.

Après ou pendant ce rêve, je me réveillais en sursaut, au milieu de la nuit ou tôt le matin, et j'éprouvais un malaise terrible, lourd, si angoissant que je secouais la tête longtemps comme pour le chasser, le décrocher de mes pensées, m'en débarrasser. Je savais de façon certaine que j'avais commis quelque chose qui avait mis le monde en danger. Que j'étais responsable d'une catastrophe à venir, que j'étais à l'origine d'un acte dont les conséquences seraient terrifiantes. Quand je dis que le monde était en danger à cause de moi, je devrais préciser : qu'il s'agissait d'une menace qui allait peser sur la Terre et tous ses habitants. Quelque chose de dangereux pour l'univers allait inévitablement arriver, et cela par ma faute !

Quand je m'éveillais en sueur, hagard, les bras repliés sur ma poitrine, la culpabilité m'étouffait, m'étreignait, je hoquetais, cerné par un désespoir immense, les mains et les pieds froids. Durant plusieurs minutes, j'étais au cœur d'un désarroi sans fond, absolu. Plongé dans une détresse sans issue, habité par une angoisse noire, par une tristesse infinie, englouti sous le poids de ce que j'avais fait ; à d'autres moments, j'étais anéanti, écrasé par la pression d'une obligation urgente, de quelque chose que je devrais impérativement entreprendre (sans savoir quoi) pour réparer le malheur que j'avais déclenché, retenir le mal à venir, arrêter le processus d'explosion, la succession de cataclysmes qui devaient par ma faute détruire le monde.

Avec la naissance de mon dernier enfant, mon rêve a cessé. Il a disparu. Il ne revient plus me hanter comme un cauchemar insupportable, mais son souvenir reste, à l'arrière-fond de mes pensées. Le fait de pouvoir en parler, d'écrire, de déposer un peu de ma honte, car il s'agit bien d'une honte née de mon impuissance à prévenir une catastrophe, me fait du bien. J'ai un peu moins de peine en moi. Un peu moins…

Comment est-il possible qu'un enfant de six, sept, huit ans puisse porter si longtemps sur ses épaules une charge aussi lourde, une responsabilité aussi grande ? Comment est né un tel enchaînement d'images aussi intenses, de sensations aussi fortes, qui s'est répété au moins une fois par mois durant tant d'années ?

Je sais aujourd'hui que toute enfance se déroule, se vit sur plusieurs plans de réalité à la fois. Le réel d'un enfant n'est pas seulement labyrinthique, il est aussi multidimensionnel, traversé d'images et de sensations étonnantes, si précises, si vraies, si interpellantes. J'aurais envie de dire si *réelles* tant elles demeuraient si présentes, si consistantes, si vivaces et si palpables au réveil. Je n'arrivais pas à dissoudre ces images, à les effacer ; à certains moments de la journée elles restaient à l'arrière-plan comme peuvent se juxtaposer sur une photographie deux prises de vues, au premier plan celle du jour, du présent, et à l'arrière celle de la nuit, du passé.

≈

« L'enfance nous est donnée comme un chaos brûlant et nous n'avons pas trop de tout le reste de notre vie pour tenter de le mettre en ordre et de nous l'expliquer. »

MICHEL TOURNIER

La tentation de la mort

J'AI SOUVENT rêvé de me tuer. Et cette tentation surgissait plusieurs fois par jour entre six ans et huit ans. Mais je ne voulais pas mourir pour autant. Vouloir se tuer et mourir répond à des enjeux très différents et le plus souvent opposés. C'est pour cette raison peut-être qu'il y a tant de tentatives de suicide réussies. Réussies dans le sens où ce sont des tentatives qui ne débouchent pas sur la mort.

Imaginer de me tuer était très jouissif. J'entr'apercevais en différents tableaux très colorés les réactions de mon entourage. La tristesse immense de ma mère, les cris de son cœur, la révolte de tout son être en voyant que son fils était là, devant elle, sans vie. Tous les regrets qui surgissaient, se répandaient en elle, en pensant que je ne ferais plus de bêtises, que je ne rentrerais plus avec le pantalon déchiré, le pull sali, les mains et les genoux écorchés. Le soulagement et l'inquiétude de mon frère pour qui je ne serais plus là pour l'entraîner dans les aventures folles des jours sans école. Les colères et les commentaires de mes copains de classe que j'allais priver de mes histoires.

La tentation de la mort cohabitait allégrement avec une conviction inébranlable, celle que j'étais éternel. Et donc que, justement, je ne pouvais pas mourir. Ces représentations qui s'emboîtaient et s'ajustaient parfaitement me permettaient de mettre en péril mon existence sans trop de risques ! La mettre en péril, je le faisais avec ardeur dans mes jeux, dans les bagarres fréquentes, dans les atteintes à ma santé, dans les rebondissements d'une vie multiple, qui se déroulait sur plusieurs plans.

En fait, je voyais la mort comme un souffle qui me soulevait, s'emparait de moi et me déposait très haut dans le ciel. Si haut que plus rien d'autre n'existait. Il y avait là tout un espace de sable fin, de dunes, de nuages et de ciel bleu où flottaient des voiles transparents que je traversais léger et diaphane. Quelquefois mon corps se déposait, se cristallisait sur un voile et je restais ainsi immobile, au repos, figé pour un début d'éternité.

MON RETOUR sur terre ne dépendait que de moi, je détenais ce pouvoir de mourir et de revivre à volonté.

Cette disposition demandait quand même une grande attention et surtout une étonnante habileté, car il ne me fallait pas débarquer n'importe quand, dans n'importe quelle situation réelle de ma vie familiale ou scolaire. Je devins ainsi un astucieux jongleur entre réalité et irréalité ou, devrais-je plutôt dire, entre une réalité et une autre. Deux niveaux de réalités aussi réelles l'une que l'autre, qui se croisaient, se dédoublaient, sans se mélanger ou s'emmêler.

Je tissais ainsi ma vie avec l'envie de lui donner plus de vie. Mais comment expliquer, encore aujourd'hui, à des adultes, à des gens sensés, que la tentation de me tuer me relançait chaque fois plus loin, plus fort dans la vie ?

≈

« Et s'il tombait ? Il se demande ce que ça fait de mourir.

Un jour, il sait, il essaiera de savoir ce que ça fait de mourir.

Comme tomber.

Pour l'instant, il regarde, comme toutes les autres fois où il est monté là, dans son arbre au bord du ciel, qu'il pourrait presque toucher tant l'arbre est haut. »

ARNAUD RYKNER

Le malheur d'aimer faire souffrir

C'EST UN MALHEUR terrible que nous sommes seuls à entretenir.

Il y a au fond, tout au fond de l'une ou l'autre de mes enfances, le malheur d'aimer faire souffrir. De faire souffrir ceux qu'on aime. Dans mon cas, ma mère. Une façon de mettre à l'épreuve la relation, de vérifier la solidité de ce lien, si important, si fragile peut-être ?

Le malheur d'aimer faire souffrir s'accompagnait chez moi de larmes. De pleurs cachés, qui devaient rester secrets. Je jouais souvent à inquiéter ma mère, tout en désirant la protéger, et ce double mouvement en moi, plein de contradictions, me tordait le cœur.

C'est au jardin des Plantes de Toulouse que j'exerçais ce redoutable pouvoir. Quatre ou cinq fois par an, nous allions nous promener dans cet immense parc arboré, près de la faculté de médecine, découpé, compartimenté par des allées interminables, qui se croisaient. Ce parc était fréquenté par de nombreuses mères, d'innombrables enfants et des personnes âgées. Je zigzaguais entres elles, n'hésitant pas à les bousculer en me cachant derrière leur dos ou leur immense derrière. Je me dérobais ainsi au regard de ma mère, que je voyais soudain plus attentive, perplexe, puis de plus en plus inquiète. Jusqu'au moment où je surgissais derrière elle pour l'étonner et la déconcerter.

Je la revois tentant de m'expliquer que je devais rester près d'elle, ne pas m'éloigner, à cause de… Les causes en étaient confuses, mais elle s'acharnait à tenter de me convaincre, de m'apprivoiser et surtout de me retenir près d'elle, à portée de main. Comment oser dire que j'aimais l'inquiétude qui naissait en elle, que je guettais sur son visage, tout en étant caché derrière un arbre ? L'apparition de la souffrance naissante à l'idée de me perdre. La lumière de ses yeux qui s'éteignait, la bouche qui commençait à trembler, la main qui s'élevait, qui cherchait à tâtons ma présence.

Pour quel enjeu secret pouvais-je déclencher ainsi chez la personne la plus importante de ma vie autant d'angoisse et de souffrance ? Je voulais, je le crois, me réassurer, avoir la confirmation que j'étais important. Ces conduites paradoxales, autant que je peux le comprendre aujourd'hui, entretenaient l'espoir que je pouvais contrôler sa vie et nourrissaient en même temps ma propre angoisse.

≈

L'habileté avec laquelle un enfant se fait souffrir
n'a d'égale que celle avec laquelle il peut faire
du mal à ceux qu'il aime.

La glacière

QUAND une des patronnes chez laquelle ma mère travaillait comme bonne à tout faire acheta un Frigidaire ou l'équivalent d'une armoire réfrigérée, elle nous donna sa glacière. Cadeau encombrant, qui mobilisa les gros bras d'une partie du voisinage pour l'installer.

Dans un premier temps, on mettait uniquement dedans, pour les conserver, les patates, les topinambours et les betteraves. C'était pratique, on pouvait aller chercher ce dont on avait besoin, à la demande. Un jour d'été, mon beau-père ramena un demi-pain de glace, enveloppé dans la veste de son bleu de travail. Nous venions ainsi de découvrir la « glace à rafraîchir » et d'introduire dans notre famille un goût immodéré pour l'eau fraîche, le summum du luxe !

Quelques mois plus tard nous avions passé un accord, une sorte d'abonnement, pour que nous soit apporté, tous les deux jours, un pain entier de glace à rafraîchir livré par deux costauds velus et pelus. L'abonnement consistait en fait en un arrangement entre le café du coin et mon beau-père. À la belle saison, le cabaretier prenait un pain de plus à son nom et mon beau-père devait laver gratuitement les vitres du café une fois par semaine... toute l'année !

Ce bloc de glace scintillante changea notre vie. Tôt le matin, un camion bâché, transportant des blocs ruisselants, s'arrêtait devant chez nous ; nous étions le seul client des allées Charles-de-Fitte. L'aide du chauffeur, pendant que ce dernier roulait une cigarette, tenait le pain de glace devant lui, avec un crochet. Arrivé en haut de l'escalier, il le déposait sur le palier et criait : « C'est le pain en plus ! » Mon beau-père prenait alors un vieux sac de jute qui avait contenu de la sciure et chargeait le bloc sur ses épaules pour le placer dans la glacière préalablement vidée de son contenu.

Un an plus tard, autour de cette glacière, nous avions créé, mon frère et moi, une mini-entreprise. Dans des moules en carton, nous fabriquions des sirops, des bâtonnets colorés à la menthe ou à l'extrait de citron, que nous échangions contre des billes et surtout des calots en verre de couleur. Avec quelques stalactites détachées des bords de la glacière, nous transformions l'eau du robinet en un breuvage exquis, très recherché par mes deux meilleurs amis, Bébert et Marcel. Pour eux, c'était gratuit !

L'hiver, la glacière servait à ranger les vêtements d'été.

Cette glacière fut durant des années l'objet de soins attentifs. Repeinte en bleu à la fin de chaque hiver, elle annonçait, avec l'arrivée des pains de glace, la venue du printemps et des beaux jours. Elle fut sacrifiée avec l'achat (sans crédit) du premier Frigidaire, mais j'étais alors déjà parti de la maison.

≈

Boire frais, à satiété,
un des grands plaisirs de l'enfance.

Bébert

Il s'appelait Albert, mais je le connaissais et je l'aimais sous le nom de Bébert. Nous nous sommes connus, je devrais dire reconnus, à la maternelle. C'est lui qui m'a appris à ne pas avoir peur, à rester debout quel que soit le vent, à faire face à n'importe quelle situation et surtout à l'imprévisible. Il disait souvent : « On fonce, on agit, on discute après ! » Plus tard il m'a avoué que c'était mon calme qui lui donnait du courage.

Du courage, il nous en fallait à tous les deux pour affronter les défis innombrables d'un quotidien aussi imprévisible, aussi chargé d'aventures et d'épreuves que le nôtre. Un quotidien qui ne semblait jamais connaître de repos tant il pouvait nous surprendre et nous déstabiliser. Un quotidien que nous aimions tant bousculer, transformer pour pouvoir chaque soir nous coucher avec des projets qui seraient là, au réveil, avides de se concrétiser.

J'AI CRU durant plusieurs années que Bébert aimait l'eau. Je me trompais : c'est l'eau qui aimait Bébert. Elle l'aimait tellement qu'il se retrouvait souvent dedans. Ainsi le jour où nous avons envisagé de traverser à pied un barrage moussu, enveloppé d'eau bruissante et capricieuse, qui s'infiltrait partout sous les pierres et les blocs de ciment. Chargé de tout un matériel de pêche (Bébert ne se promenait jamais les mains vides), son pied dérapa et il se retrouva, perdant pied, ne sachant nager, seulement accroché à une touffe d'ajoncs, tenant entre ses dents cannes, filets et boîte de vers. Une autre fois, ayant lancé trop fort sa canne à pêche, dont une partie s'était détachée, il n'hésita pas à plonger (toujours sans savoir nager) pour la rattraper coûte que coûte. Il la retrouva cinquante mètres plus loin, il émergea, crachant de l'eau, l'élevant, triomphant, au-dessus de sa tête.

Il savait s'avancer, chaussé de cuissardes, au milieu du lit d'une rivière paisible dont les flots réguliers auguraient d'une friture certaine, et disparaître soudain dans un trou d'eau, non sans avoir eu le temps de crier : « C'est un bon coin, c'est un bon coin ! » ou encore : « Putain de con, elle est bonne ! » « Putain de con » était son expression favorite pour manifester un étonnement bienveillant envers les surprises de la vie.

En voilier plus tard (il posséda plusieurs bateaux), en canoë, en péniche (il m'avait convaincu d'acheter une péniche, pour descendre la Marne, rejoindre la Seine et dépasser Rouen !), Bébert se retrouvait la plupart du temps près de l'eau, sur l'eau, dans l'eau.

Oui, l'eau l'aimait et il me fit partager durant toute une partie de ma jeunesse le plaisir de l'apprivoiser et de jouer avec elle. C'est ainsi que je sus très tôt les couleurs de l'eau. L'immense palette scintillante, opaque ou glauque, d'une cascade secrète, connue de nous seuls. Un tapis frémissant de lamelles de lumière chevauchant le courant sans cesse renouvelé. Un rayon doré, aigu, capable de traverser la surface d'un étang, de scruter les profondeurs, de se déposer sur des pierres ou sur des mousses, de se glisser et de se perdre dans un ressac créé par un tronc mort. L'arborescence bleutée de poissons argentés ou sombres, agiles comme des fantômes.

MON AMI Bébert fut tout au long de mon enfance et plus tard encore un ami fidèle. Fidélité qui commença à la maternelle, à la suite d'une dispute. Nous avions (ce qui n'a jamais cessé de toute notre vie) des sentiments différents, des perceptions opposées, des croyances antagonistes (du moins le croyions-nous) sur la plupart des choses de la vie. Et pour commencer, dès six ans, des sentiments personnels (et donc différenciés) pour une petite fille qui ne voulait pas choisir entre l'un ou l'autre et nous laissait, avec beaucoup de plaisir et d'espièglerie, nous affronter devant elle et pour elle seule, nous gardant ainsi à sa merci durant toute une année scolaire.

Cette disputation chronique nous rapprocha, car elle nous avait permis de découvrir que nous pouvions avoir de l'estime l'un pour l'autre.

Bébert était un garçon rationnel, amoureux de la nature, dans laquelle il voyait un monde harmonieux, sinon parfait. Il avait besoin d'explications, ce qui lui donnait le droit, pensait-il, de pouvoir tout expliquer. Je dirais aujourd'hui qu'il était un redoutable discutailleur. Il discutait sur n'importe quel sujet : thèse, antithèse, synthèse et contradictions probables ou inventées pour le plaisir de s'opposer, de s'affirmer et d'avoir raison.

Fils de communiste, il devait certaines nuits accompagner son père pour coller avec lui des affiches ou proposer, tous les dimanches matin, à des passants soigneusement choisis sur leur mine d'honnête ouvrier un journal clandestin, pour remplacer *L'Humanité* et *Marianne* (à l'époque interdits de vente). Journal rustique, imprimé recto verso sur une seule page d'un papier qui noircissait les mains, et qui continuait de dénoncer en pleine Occupation allemande l'exploitation par le grand capital des classes laborieuses, toujours opprimées mais vigilantes et lucides, toujours à l'avant-garde du combat pour la cause prolétarienne et jamais défaitistes !

Bébert avait la chance, lui, de ne pas manger à la cantine et d'avoir chaque jour de classe un goûter pour la récréation de l'après-midi. Goûter constitué par deux tartines (oui, deux !) avec de la confiture ou deux tablettes de chocolat noir. J'avais demandé au nom de son amitié (peut-être exigé, je ne sais comment) qu'il partage son quatre-heures avec moi. Il était toujours d'accord et le plus souvent me réservait une part de ses tartines, même si parfois il s'y résolvait avec quelques regrets et une pointe d'amertume.

À tel point qu'il lui arrivait de ne pas résister au désir de dévorer son goûter, tout seul, à l'avance, sur le chemin de l'école, avant la rentrée de treize heures trente, pour ne pas avoir à le partager ! Il tentait chaque fois que c'était le cas de m'expliquer, malgré les miettes de pain ou les traces de chocolat aux coins de sa bouche, que sa mère n'avait pas eu le temps ou avait oublié de préparer son quatre-heures ! Je le culpabilisais à mort, refusant de lui adresser la parole et même de le regarder une seule fois durant la récréation suivante. Une telle menace suffisait pour le remettre dans le droit chemin, celui de la solidarité et de l'entraide indispensables entre classes laborieuses ! Car le père de Bébert travaillait en usine, comme contremaître, avec un salaire hebdomadaire qui dépassait ce qui entrait seulement chaque mois, avec beaucoup de peine, dans ma propre famille.

BÉBERT aux ressources verbales infinies, toujours en action, engagé dans mille projets, était un ami stimulant et précieux. Capable de reconstituer un vélo avec trois carcasses de bicyclettes récupérées ou échangées (jamais volées, car un fils de communiste ne vole pas : « On ne spolie pas un autre travailleur, même si c'est un salaud ! »). Bébert suffisamment astucieux pour restaurer la coque d'un voilier, pour lui trouver des voiles, une ancre, une place dans un club (en échange de menus services), construire un kayak, convaincre ma mère de me laisser partir avec lui pour camper sur les bords de la Garonne, alors que j'avais quitté le centre de rééducation seulement trois mois avant et que je ne pouvais marcher sans béquilles. « Mais vous allez dormir comment ?

– Sous une tente, dans une canadienne inversée », expliqua-t-il.

Il avait fabriqué des « duvets spéciaux » constitués à partir de vieilles couvertures de l'armée, duvets censés nous permettre de dormir, prétendait-il, par moins dix degrés ! Bébert était capable de me nourrir durant trois jours en pêchant (au lancer ! à la mouche !). Avant chacune de nos expéditions, il ouvrait devant ma mère, avec des gestes précautionneux, une boîte métallique pour lui montrer différentes sortes de plumes et d'hameçons, capables de tromper les ablettes, d'abuser les turbots ou de séduire les brochets les plus méfiants.

Il inquiétait tout de même ma mère quand il restait dans le vague sur la destination aventureuse de nos fins de semaine, mais il la rassurait en parlant avec une précision remarquable de la partie technique de notre projet, la noyant de détails avec une autorité qui l'impressionnait. « Heureusement qu'il y a Bébert pour te montrer ce qu'il faut faire, tu devras lui obéir sans discuter ! J'ai plus confiance en lui qu'en toi, même si je t'aime. Tu sais que je t'aime ! » Ma mère terminait toujours ses conseils comme ses admonestations par un « tu sais que je t'aime ».

Au départ de nos aventures, nous devions prendre le tramway et, arrivés au terminus, il nous fallait encore marcher avant d'atteindre le bord du fleuve ou l'anse d'une rivière, affluent d'affluent, connue de lui seul. Arrivés sur place, avec tout notre matériel, il réfléchissait longuement cherchant le « meilleur endroit », surveillait attentivement notre installation, prévoyait des rigoles autour de la tente (en cas de pluie), construisait un mini-foyer en pierre et m'envoyait chercher du bois (en quantité).

Je me souviens que durant ces sorties, au-delà du plaisir d'être libre, ne dépendant de personne, j'avais la crainte d'être mordu par un rat. Les rats musqués nous attiraient et nous inquiétaient par leur vélocité et leur capacité à se montrer et à disparaître en un clin d'œil. Nous étions un peu jaloux d'eux, car ils semblaient connaître tout des ressources d'une rivière et des mystères de leurs rivages. Nous sentions que nous étions pour eux des intrus maladroits et grossiers. Des humains, quoi !

BÉBERT était à la fois le tentateur et le garant d'équipées que, sans lui, je n'aurais jamais pu ni su vivre. Il était un leveur d'inhibitions, capable de résoudre tous les problèmes qui pouvaient se présenter à nous et, à sa façon, un passeur de vie exemplaire, payant de sa personne pour inviter l'autre, moi en l'occurrence, à aller au-delà de ses limites, à oser se confronter à ses peurs, à prendre le risque de révéler ses désirs. Bébert se battait toujours avec lui-même pour aller au-delà de ses possibles, il ne pouvait accepter les limites de la vie, les contraintes de la médiocrité. « Tu ne veux quand même pas ressembler à tous ces gens, tu ne veux pas commencer ta vie en te médiocratisant, tu ne veux pas finir dans un bureau… » et, injure suprême : « Tu ne veux pas t'embourgeoiser et collaborer à l'exploitation du monde ouvrier », avec une variante suivant les jours : « des classes laborieuses ».

Pendant plusieurs décennies et durant une grande partie de ma vie d'adulte, Bébert fut très présent pour des aventures en montagne, en mer et autour des rivières qu'il affectionnait et respectait. Nos choix de vie, par la suite, nous ont souvent rapprochés, puis l'âge nous a séparés, mais j'ai gardé pour l'homme qu'il est devenu un profond respect, une affection tendre, une tolérance infinie, une bienveillance inconditionnelle.

≈

« L'enfance, cette époque divine où l'on peut entrer dans la peau d'un personnage imaginaire, être son propre héros, danser et rêver en même temps. »

G.K. Chesterton

Marcel

MARCEL habitait la maison voisine, un mince grillage nous séparait sans pour autant nous empêcher de nous voir et surtout de nous parler. Tout au fond du jardin, chacun s'installait, une épaule collée d'un côté du grillage et, comme enfermés dans une bulle d'intimité, nous échangions du silence. Enfin surtout lui, car Marcel était un grand silencieux.

Marcel était un enfant qui n'avait jamais eu de mère. « Un enfant de nulle part », disait-on dans le quartier. Il était élevé par sa grand-mère maternelle. Une femme imposante, gigantesque, atteinte de je ne sais quelle infirmité, qui ne quittait jamais son lit, posé au milieu de la pièce principale d'un minuscule appartement. Un logement en rez-de-chaussée, qui comprenait deux pièces et un débarras. La chambre de Marcel était aussi celle de son grand-père, et la pièce qui servait de cuisine, de salon et de chambre à coucher pour la grand-mère formait le centre d'un univers entièrement tourné vers le passé, avec un point focal : le départ de la mère de Marcel,

« emportée par les bras d'un marinier, du canal des Deux-Mers, en plus ». Oui, en plus, car c'était pas un véritable marin (comme le compagnon de ma mère, qui, lui, avait fait trois fois le tour du monde !).

« C'est sûr que la péniche de ce Tarzan de pacotille doit passer au moins dix fois par an par Toulouse et croyez-vous qu'elle se serait arrêtée un jour pour revoir son fils ! Non ! Pas une seule fois ! Y a des mères, je vous jure, qui ne devraient pas avoir le droit de tomber enceintes ! » Les jugements, les appréciations, les commentaires de la grand-mère, sur celui qui avait séduit sa fille, étaient connus de tout le quartier.

LA QUALITÉ principale de Marcel, je la connaissais bien, car je l'appréciais : il ne posait pas de questions. Jamais. Ses phrases étaient soit des affirmations, soit des confirmations. Je ne l'ai jamais entendu me refuser quelque chose ou m'interroger pour avoir un surplus d'informations. Quand je devais faire les courses (ou les « commissions », comme nous disions dans ma famille), je passais par l'escalier du jardin et, tout en haut, avant de m'engouffrer dans le couloir qui donnait sur l'avenue, je sifflais. Marcel apparaissait, en contrebas, sur le pas de sa porte, regardait dans ma direction, rentrait chez lui et quelques secondes plus tard me rejoignait. Toujours silencieux, il m'accompagnait chez l'épicier, le boucher, le boulanger ou la mercière du coin.

C'est moi qui parlais lors de nos échanges les plus importants. Mes propos étaient seulement ponctués par sa main droite qui s'élevait ou s'abaissait et ses hochements de tête, accentués par une moue aux variations innombrables. Aujourd'hui je dirais que Marcel était un spécialiste des langages non verbaux.

Sa grand-mère était tout pour lui. Il n'aimait pas son grand-père, avec qui il était sans cesse en désaccord muet mais violent. Ils s'accrochaient sans arrêt à coups de regards, de silences renforcés par des mimiques et de claquements de porte. Marcel était un expert en silence et en longs regards qui laissaient l'autre dans sa propre colère et le plus souvent livré à son impuissance.

Marcel était gros, pas trop mais quand même. Je veux dire qu'il était pesant ou lourd, comme on veut. Il bougeait lentement, ne courait jamais, prenait sa place et ne se laissait pas déloger. Très tôt, dès neuf ans, il devint un partenaire recherché par les adultes pour participer à des tournois de pétanque.

Sa spécialité : le pointage. Il ne savait faire que cela : pointer. Il avait un coup d'œil remarquable pour placer chacune de ses boules tout près du cochonnet, de préférence devant. Quand c'était son tour, il prenait les deux boules, s'accroupissait, posait lentement avec la main gauche l'une des boules derrière lui, plissait les yeux, crachait dans sa main gauche, y posait la deuxième boule qu'il avait gardée jusque-là dans sa main droite. Il se redressait un peu, regardait derrière lui et lançait son bras.

Le rituel était toujours le même. Personne ne se moquait de lui, ne risquait de commentaires ou de plaisanteries. Son équipe gagnait immanquablement. Il était très demandé, malgré son jeune âge, et ne refusait jamais une cigarette offerte qu'il ne fumait pas. C'était pour la grand-mère. Je crois qu'il jouait pour permettre à sa grand-mère de nourrir une passion très ancienne : la « fumerie ».

Marcel avait aussi la confiance de ma mère. Elle savait que je pouvais compter sur lui pour me protéger des dangers possibles de la rue – enfin, les autres rues au-delà des allées Charles-de-Fitte. « Il est avec Marcel », « Je l'ai vu passer avec Marcel », « Marcel est venu le chercher » : cela voulait dire que rien ne pouvait m'arriver, puisqu'il était là. Mon ange gardien en quelque sorte ! Le jour où je me suis brûlé la moitié du corps, celui où, pour la première fois, je me suis noyé, Marcel n'était pas là, la fois suivante non plus d'ailleurs !

Marcel était abonné au *Journal de Tarzan* ; c'est ainsi que grâce à lui je me suis entraîné à voler dans les arbres et que j'ai appris non pas à nager, mais à marcher sous l'eau les yeux ouverts.

NOUS AVIONS, Marcel et moi, une amitié pudique qui se manifestait par des clins d'œil discrets, par des sourires voilés, que nous seuls pouvions percevoir. Nous avions faim de notre présence mutuelle et goûtions sans nous lasser le temps qui nous réunissait tout en prenant soin de protéger l'espace intense qui séparait nos corps. Nous parlions peu pour ne pas déranger le plaisir d'être ensemble. Très proches, habités de pensées que nous sentions identiques, jumelles, nous étions inséparables.

Le pacte secret qui nous liait, Marcel et moi, était que j'avais une mère au présent, une mère d'origine, et un père, de remplacement d'accord, mais un père tout de même. Lui n'avait ni mère ni père. Ce qui fait que de temps en temps, je lui prêtais ma mère.

Les rares fois où il venait à la maison, il attendait près de la porte de la cuisine, jusqu'au moment où ma mère lui disait : « Viens, tu peux entrer. » Il s'avançait de trois pas, jamais plus, tête baissée. Elle lui prenait le menton, relevait sa tête : « Ne cache pas tes yeux, sinon je ne peux pas les embrasser. » Elle l'embrassait sur les yeux, qu'il fermait de plaisir. Les poings crispés sur des sanglots qu'il retenait.

MARCEL m'aimait. Du moins, je croyais qu'il m'aimait comme on aime à cet âge : à la vie à la mort. Nous avions fait le serment du sang un soir de juillet, tailladant nos poignets et mélangeant nos deux sangs, pour en avaler chacun quelques gouttes.

Mais Marcel le silencieux m'aimait à condition. Cette restriction, je l'ai découverte plus tard. Il aimait ma façon de marcher, d'avancer dans la vie, de raconter des histoires. Il marchait dans mon ombre et pas seulement au figuré. Quand cette condition a disparu, le matin où ma jambe droite s'est dérobée sous moi, ne supportant plus mon corps, et que je suis parti pour quatre ans au sanatorium, son amitié comme son amour se sont volatilisés. Je n'existais plus pour lui. Nous nous sommes éloignés l'un de l'autre, perdus à jamais. À mon retour du sanatorium, je ne l'ai plus revu. On m'a dit que là où il demeurait, dans les nouveaux quartiers du Mirail, il vivait toujours dans l'appartement de sa grand-mère. Il y a quelques années, j'ai appris qu'il était mort dans un accident d'auto. Il ne s'était jamais marié.

Le temps de l'enfance est semblable à un noyau constitué de tous les événements qui nous arrivent et sur lesquels nous avons peu de pouvoir ou d'influence, et entouré d'une bulle mouvante. Bulle faite d'un incroyable magma de sensations, d'émotions, de sentiments mélangés qui frémissent, s'entrechoquent, se déchirent ou s'animent à tout instant.

Je croyais être quelqu'un d'important pour Marcel, je ne fus que de passage. Mais lui laissa en moi des alluvions de tendresse, un dépôt profond de nostalgie dans lesquels je puise encore.

≈

Ce devait être lui parce que c'était moi.
Le mystère de cet accord,
que je n'ai jamais retrouvé,
m'étonne encore.

Les souffrances de l'âme

DURANT les neuf premières années de ma vie, je n'ai pas connu de réelles souffrances physiques ; je veux dire par là que, même si j'ai été blessé dans mon corps, parfois sévèrement, je n'ai pas été profondément touché par la douleur corporelle. J'ai pu (très souvent) me faire du mal, recevoir des coups, avoir des coupures, des bosses, des brûlures, mais je ne souffrais pas durablement, ces expériences ne laissaient pas de traces, juste des cicatrices. C'étaient comme des épreuves à traverser, pour me fortifier, pour garder la conviction que la vie aurait du fil à retordre avec moi.

J'ai été, je m'en rends compte aujourd'hui, plus touché, atteint et blessé par les souffrances de l'âme. L'âme, cette sensation impalpable et si présente d'être habité par un peu de divin ou de surnaturel comme je le croyais à l'époque, d'être plus que ce que j'étais. D'être au-delà des apparences que je montrais au monde, celle d'un corps maigrichon, d'un regard noir, de gestes avortés, d'élans imprévisibles qui me portaient à me jeter impulsivement dans une bagarre ou me plongeaient dans une situation inconnue.

LES SOUFFRANCES de l'âme sont ces douleurs lancinantes qui taraudent le cœur. Elles sont semblables à un acide qui creuse, un poison qui ronge, une pesanteur qui use la joie de vivre. Ces douleurs récurrentes, sans cesse présentes en moi, me donnaient, quand je m'endormais, un sentiment d'inachevé, d'incomplétude, d'insatisfaction diffuse. J'avais souvent le sentiment que dans la journée (que ce soit à l'école ou ailleurs), il aurait dû se passer quelque chose de différent, quelque chose qui m'aurait emporté, transformé. Quelque chose qui était là, présent, mais qui ne s'était pas manifesté faute de... Faute d'une intervention magique, d'un je-ne-sais-quoi qui aurait dû advenir. J'attendais chaque fois l'inouï sans savoir exactement de quoi il pourrait être fait.

Ce mal à l'âme, fait de doutes diffus, d'incertitudes impalpables, de regrets infinis, d'espérances déçues, je l'ai gardé longtemps. Il surgissait dans mon adolescence chaque fois – c'est-à-dire toujours – que la réalité ne se comportait pas comme je l'avais anticipé et espéré, chaque fois que j'étais déçu, dépossédé d'un rêve qui aurait dû se réaliser. Je voyais mon âme comme la lumière d'une flamme susceptible d'éclairer ce que j'aurais dû être, et qui brûlait seulement dans un espace noir, vide, désespérément vide.

Plus tard, bien plus tard, j'ai pu rencontrer, dans des moments fugaces, mon âme autrement qu'à travers la souffrance, dans la rencontre avec cette part de divin qui me donnait un sentiment de complétude, de paix et d'accord avec l'immensité de mon être. J'ai pu me relier à cette autre dimension de moi-même dans des moments de paix, de créativité aussi, dans l'amour partagé, dans le fait de pouvoir prendre le temps de planter un arbre, de préparer la terre pour des plantations futures, de m'accorder à l'instant présent.

≈

Découvrir que l'on a une âme
n'est pas confortable du tout.
Cette découverte nous pousse au dépassement de soi.

Ne pas décevoir l'amour

DURANT une des mes enfances, je ne croyais pas trop à l'amour, ou plutôt je doutais de lui. J'étais pourtant un affamé de l'amour et j'en guettais les signes et les traces sur les visages, dans le moindre des gestes de mon entourage. Je sondais les pensées, je captais les intentions, j'interrogeais silencieusement les regards et surtout l'absence de regard.

De l'amour de ma mère, je ne doutais pas, mais mon inquiétude s'était déplacée sur un autre enjeu. Ne pas décevoir son amour. Être attentif au moindre changement dans son sourire, à la lumière de son regard, au plus petit mouvement de ses gestes, si elle marquait un temps d'arrêt, si sa respiration se bloquait, se ralentissait, s'accélérait. Ne pas décevoir son amour voulait dire être au plus près de l'enfant idéal qu'elle méritait d'avoir. Anticiper ses rêves, me précipiter pour recevoir et atténuer ses inquiétudes, être toujours en première ligne pour soulager ses soucis, pour nettoyer ses blessures.

Cette dynamique m'habita longtemps. Surtout ne pas

décevoir. Pour découvrir que je ne pouvais que décevoir, que je n'étais jamais à la hauteur des attentes, des expectatives de l'autre, qu'il me manquerait toujours quelque chose, que je n'en ferais jamais assez. Ce fut difficile, douloureux d'exister avec cette croyance, cette évidence que quoi que je fasse, ce ne serait jamais assez. Qu'il faudrait donc continuer, en faire plus, tenter de diminuer la distance entre ce qui était attendu, espéré, et ce que je pouvais être, faire. Et buter sans cesse sur la faille constituée par cette distance, aussi minuscule qu'elle puisse être, jamais comblée, jamais complètement supprimée.

Cette dynamique imprégna toutes mes tentatives amoureuses et me mit en échec dans la plupart des rencontres qui auraient pu se transformer en relations. J'idéalisais l'amour, je lui donnais une valeur inouïe et, comme je le confondais avec celle qui pouvait en être la destinatrice ou l'émettrice, je me heurtais sans arrêt à des manques, des insuffisances, des refus.

MON EXPÉRIENCE la plus traumatisante fut celle que j'ai vécue à dix-huit ans. Elle s'appelait Christiane, je l'avais rencontrée lors d'un stage de préparation pour des journées nationales qui devaient réunir, pour la première fois, des éclaireurs et des éclaireuses de France, mouvement du scoutisme laïque dans lequel Bébert m'avait entraîné.

Elle était blonde, pareille à une déesse, et surtout

m'avait souri dès notre première rencontre. Puis elle était venue spontanément vers moi, m'avait abordé sans me poser de questions, en me parlant d'elle comme si nous nous connaissions depuis toujours. Il ne s'est rien passé d'autre entre nous, que de légers baisers sur la joue, des effleurements de mains, des regards chargés de promesses (du moins je le croyais), des projets en creux (ceux que je formulais sans jamais lui en parler directement), des rêves silencieux (déposés sur elle par moi) et des attentes non dites (que j'imaginais chez elle !).

J'ai traversé deux fois la France en stop, pour la voir une heure. Une heure seulement, dans la rue, sur le chemin de l'école d'infirmières où elle était en première année. Pour lui montrer à travers ces exploits, deux jours et demi pour traverser toute la France, combien je tenais à elle. Lui faire comprendre tout ce dont j'étais capable, pour simplement la voir, juste pour la voir.

Elle m'écrivit au début de l'été qu'elle s'était fiancée à un garçon inscrit en médecine, qu'ils allaient faire, avec l'accord de leurs parents, un essai pour vivre ensemble. Je me suis refermé, me maudissant de n'avoir rien compris, ne sachant pas exactement d'ailleurs très bien ce que j'aurais dû comprendre. Doutant d'être jamais à la hauteur. À la hauteur de l'amour !

≈

Quand l'amour est déçu, il n'hésite pas à nous abandonner, peut-être même à nous rejeter.

Les enfants sages

J'ÉPROUVE le besoin de remonter dans le temps, de revenir quelques années avant ma maladie.

Des enfants sages, il n'y en avait pas beaucoup dans mon quartier. Les enfants sages appartenaient à une autre planète. Ils étaient d'un autre milieu, éloigné du nôtre. On les sentait protégés de la faim, allergiques à l'imprévisible, barricadés d'interdits, porteurs d'appareils dentaires, de chaussures cirées, de chaussettes sans plis, entourés d'une parentèle nombreuse, dont ils pouvaient citer les noms et les liens sans se tromper. Les enfants sages avaient des sœurs moins sages qui ricanaient, riaient trop fort, tournaient sur elles-mêmes dans un envol de jupe qui m'étourdissait.

J'en voyais, de loin, quelques-uns de ces enfants sages, à l'église le dimanche matin ou lors des grandes fêtes religieuses comme Noël et Pâques. Ils étaient peu nombreux et reconnaissables à leurs yeux qui ne quémandaient pas, qui ne demandaient rien ouvertement. Ils auraient bien aimé nous fréquenter, un peu, pas trop pour ne pas être entraînés au-delà de leurs bonnes habitudes. Ils avaient des attirances et des répulsions qui faisaient imperceptiblement osciller leur corps et donnaient à leurs gestes une mouvance incertaine, inachevée.

Je croyais que les enfants sages étaient des enfants qui n'avaient pas connu le malheur. Le malheur d'être venu au monde sans être attendu ou encore de n'avoir pas été désiré, le malheur d'avoir faim, celui d'avoir des vêtements usés ou encore le malheur d'avoir des parents sans ancrage, non reliés à des grands-parents, des oncles, des cousins ou des cousines.

LES AUTRES ENFANTS du quartier, la majorité, pouvaient être bruyants, agités, toujours à la recherche d'une bêtise à faire, d'un croche-pied à tendre ou d'un coup de poing à donner. Des enfants en conflit avec leur famille, avec les voisins, avec les autorités, avec la vie. Ils ne gâchaient pas leur temps à vouloir être de bons élèves, ils savaient que leur quotidien avait d'autres urgences, que leur vie n'avait pas de temps à perdre avec des devoirs à faire, des récitations à apprendre, des règles du participe passé à ne pas oublier ou la règle de trois à respecter. Pourquoi trois d'ailleurs ?

Les enfants sages ignoraient le malheur, du moins le nôtre, celui qui se plaisait à fréquenter de préférence les ouvriers, les femmes de ménage, les familles nombreuses, décomposées ou recomposées.

≈

La sagesse n'a pas été inventée
pour les enfants sages,
en général ils le savent bien.

Le malheur

LE MALHEUR semblait avoir élu domicile dans notre quartier, il affectionnait particulièrement une voisine qui habitait trois maisons plus loin, car il s'abattait régulièrement sur elle. Dès qu'il y avait un léger mieux, il arrivait et c'était soudain le déferlement d'une catastrophe dont tout le voisinage avait connaissance.

Je ne pourrais faire la liste exhaustive des souffrances qui se sont jetées sur Mme Fernande, mais je me souviens parfaitement de ses cris, des pleurs, de la souffrance exprimée par cette femme le jour où elle perdit deux de ses enfants, écrasés en même temps par un camion dont les freins avaient lâché. J'entends encore dans mes oreilles ses insultes, sa rage à l'encontre de Dieu, de son mari qui lui faisait des enfants sans pouvoir les protéger, contre le maire, les autorités qui auraient dû interdire cette rue à la circulation, contre elle-même qui avait été assez idiote pour venir habiter en ville, au lieu de rester à la montagne…

Ainsi, enfant, j'ai eu avec le malheur une relation complexe. J'ai toujours su qu'il était là, tout proche, à l'affût, guettant l'occasion de s'emparer de moi, de fondre sur ceux que j'aimais. Qu'il soit invisible ne changeait rien à son pouvoir. Le malheur rôdait dans la rue, tout autour de ma famille, de notre quartier, un peu plus loin aussi dans certaines parties du vaste monde, mais il était surtout tapi en attente dans les yeux et le regard songeur de ma mère.

Il avait dû se déposer en elle très tôt, quand elle était toute petite, dans sa première famille d'accueil. Quand elle avait perdu à neuf ans la seule femme qu'elle ait pu appeler maman, celle qui l'avait accueillie tout au début de sa vie, sa mère nourricière. Le malheur semblait habiter ma mère, comme une seconde peau. À cette époque-là, il logeait à demeure tout au fond de ses pupilles. Bien sûr, vaillante comme elle l'était, elle le remisait loin au plus profond d'elle-même, inquiète de le transmettre, mais sachant que jamais elle ne pourrait s'en débarrasser tout à fait. Elle faisait de son corps une protection contre l'irruption possible du malheur, mais quand il était là, visible, présent dans l'insécurité d'un travail à retrouver, des problèmes de santé ou dans l'irruption d'une violence sociale, tel le départ de son compagnon Saturnin pour la guerre et son absence durant quatre ans comme prisonnier de guerre, alors elle développait des ressources insoupçonnées pour affronter le malheur, le maintenir à distance et le contraindre à s'éloigner un peu de nous. « On va quand même pas se laisser faire ! »

Vers la fin de sa vie, elle disait en riant : « Je crois que j'aurais mérité d'être un peu plus heureuse quand même, si le malheur avait bien voulu m'oublier ! »

Mais à l'époque d'une de mes enfances, elle affirmait : « Il n'y a que deux choses sûres au monde : l'existence de Dieu et celle du malheur. Dieu, c'est surtout pour après la vie, car pendant la vie, il est trop occupé ailleurs, par tous ceux qui souffrent plus que nous, eux ils sont prioritaires. Mais le malheur, lui, est toujours là, il est malin, le malheur, c'est toujours quand on s'y attend le moins qu'il arrive, il ne chôme jamais ! »

DÈS L'ÉCOLE, je me suis demandé si le malheur ne sentait pas mauvais. J'ai appris plus tard que la pauvreté avait une odeur ; le malheur devait aussi en avoir une. J'imaginais une odeur qui planait au-dessus de nos têtes, voile de menace transparent qui laissait passer le soleil, mais retenait le trop bon qui aurait pu parvenir jusqu'à nous.

Les autres enfants – était-ce l'odeur du malheur ? – ne venaient pas spontanément vers moi. Il a fallu que j'apprenne, ce qui peut surprendre, à ne pas être moi-même, pour qu'ils s'approchent, s'apprivoisent et même me recherchent. Ne pas être moi-même, cela voulait dire être ailleurs avec mon vrai moi et ne laisser sur place qu'une apparence, une sorte d'enveloppe malléable. Quand on est enfant, c'est plus facile à faire qu'à expliquer. En tout cas, je réussissais bien puisque j'ai survécu.

Chez nous le malheur n'était pas triste, il était coloré, un peu bruyant, versatile, n'hésitant pas à se déposer chez les uns et les autres, mais toujours fidèle, ne quittant jamais très longtemps ceux qu'il affectionnait. Le malheur s'acquittait de sa besogne équitablement.

Dans une rédaction en vingt-cinq lignes, nous devions décrire un jour où le malheur nous avait frappés, nous ou quelqu'un de notre famille. « Le malheur ne nous a jamais frappés, il est plutôt gentil car il nous connaît bien, il est installé chez nous depuis toujours. On pourrait même croire qu'il nous aime, si on ne le connaissait pas aussi bien qu'on le connaît. La vraie difficulté, c'est qu'on ne peut jamais discuter avec lui, car il a toujours raison. Il vient quand il veut, il s'impose et alors il n'est pas question de rigoler tous les jours… »

Un avantage du malheur, c'est qu'il est injuste, il ne pèse pas de la même façon dans telle ou telle famille. Il peut faire venir la mort, réveiller la maladie, faire entrer l'alcoolisme ou la violence chez l'un ou l'autre ou simplement planer au-dessus des maisons, se faufiler dans les foyers, s'installer silencieusement dans un coin de cuisine ou de chambre, attendre.

Le malheur n'a pas disparu pour autant de ma vie. Je sais qu'il est là, prêt à mordre. Je sais qu'il ne recule devant rien, qu'il peut s'effacer, faire semblant de disparaître devant quelques instants de bonheur, se laisser distraire peut-être par l'amour, mais qu'il reste à l'arrière-plan des jours heureux.

Le malheur

Aujourd'hui je ne lui laisse pas beaucoup de place, j'ai colmaté les failles, assuré mes arrières, mais qui sait ?

≈

Il n'est nul besoin de défier le malheur,
il sait s'imposer tout seul.

La fidélité à la pauvreté

DANS LE MILIEU où je vivais, la pauvreté ne faisait pas peur car elle était solidement installée depuis plusieurs générations, mais elle faisait honte. La pauvreté devait être humble, elle ne devait pas s'exhiber. Alors on la cachait. On la cachait ou plutôt on la voilait avec de la gentillesse et de l'entraide.

J'ai toujours vu ma mère aider, soutenir ceux du quartier qui se trouvaient en difficulté ou en souffrance. Aller faire un « bout de ménage » chez une femme malade, apporter un « petit bol de soupe », ramener du linge à la maison, repasser quelques vêtements, repriser des culottes d'enfants, garder une ou deux tomates mises de côté « pour on ne sait jamais qui peut en avoir besoin ».

Il y a chez les pauvres une disponibilité à la misère d'autrui qui répare bien des manques, qui soulage bien des afflictions. La pauvreté de l'un n'annulait pas pour autant la pauvreté de l'autre, mais elle la rendait plus humaine. « Celui qui est né pauvre le plus souvent mourra pauvre, mais cela ne doit pas l'empêcher de rester serviable, digne et honnête », disait ma mère.

J'ai découvert, bien des années plus tard, que mon beau-père jouait aux courses. Petitement mais régulièrement, il misait des sommes minuscules et il lui arrivait quelquefois de gagner. Ces petites rentrées lui permettaient de boire un coup de plus sans se sentir coupable de dépenser l'argent du ménage. En jouant, il n'avait le sentiment ni d'accroître sa richesse ni d'augmenter sa pauvreté, il jouait pour le plaisir de se mesurer au sort, d'affronter de façon plus visible le destin. C'est bien lui qui choisissait les chevaux, dans le dédale des différentes courses, tel jour et pas tel autre. En prenant, par contre, des billets de la Loterie nationale, en choisissant avec plusieurs comparses de bistrot différents numéros commençant par ou se terminant par tel chiffre, il se soumettait à un destin aveugle : « De toute façon, que l'on gagne ou que l'on perde, c'est toujours l'État qui empoche ! »

LA PAUVRETÉ sécrète de curieux attachements et suscite des fidélités inconditionnelles. Aujourd'hui encore, malgré le confort qui m'entoure, je me vis toujours comme pauvre. C'est-à-dire vulnérable, car je sais que ne sont jamais loin les coups imprévisibles du sort, de l'arbitraire ou des affronts. Que le surgissement d'une catastrophe, le retour de l'injustice et de l'humiliation sont toujours possibles et présents, même s'ils sont invisibles ou en sommeil.

Ma façon de dépenser l'argent doit en témoigner. J'ai une relation paradoxale avec l'argent, que je considère à la fois avec désinvolture (et parfois avec générosité) sitôt qu'il ne s'agit pas de moi et avec pudeur ou réticence quand je suis directement concerné.

Je suis né pauvre, et si vraisemblablement je ne mourrai pas dans la pénurie, jamais je ne vivrai comme un riche. Ce serait anachronique, car la honte d'être vu comme riche est plus forte que celle d'être vu comme pauvre. Ainsi, cette équation implicite qui circulait dans notre quartier, même si elle se révéla parfois inadéquate, est toujours restée présente dans mon esprit : celui qui a beaucoup d'argent, c'est qu'il l'a pris à d'autres, à beaucoup d'autres.

Je sens que cette équation, devenue une croyance difficile à déloger, demeure active en moi.

Aujourd'hui je pense que la seule vertu de l'argent est de favoriser, de permettre la création, de créer, au-delà d'un mieux-être chez ceux qui en manquent, de la beauté.

≈

Il est des fidélités plus fidèles
que d'autres, car elles rassurent.

Le cahier des compositions

À PARTIR du CM1, à la fin de chaque mois, il y avait des « compositions » à faire dans les matières principales : calcul, français, récitation, leçons de choses. C'était le baromètre de nos réussites et, dans mon cas, de mes échecs. La composition servait à vérifier les acquisitions, mais surtout l'adéquation entre le savoir du maître et celui de l'élève. Elle laissait peu de place à l'irruption de la fantaisie, de l'imaginaire ou de la créativité, elle était la trace du savoir officiel déposé en nous.

Et puis il y avait le cahier de compositions, sur lequel étaient inscrits les résultats obtenus, ainsi que les commentaires appelés « appréciations » du maître sur nos attitudes au travail, nos comportements observés dans telle ou telle matière : insuffisance, satisfaction, espérance ou désespérance de l'enseignant à notre égard. J'en ai désespéré beaucoup.

IL FALLAIT non seulement que ce cahier soit signé, mais nous devions faire face aux commentaires des parents, quand ils lisaient les annotations de l'instituteur, et en plus affronter leurs réactions !

« Pourrait mieux faire s'il n'était pas aussi insupportable. »

« Mauvais caractère, dissipe ses camarades au lieu de travailler pour lui-même. »

« Élève certainement intelligent [*il n'y avait pas de tests à l'époque, du moins pas dans notre école*], mais qui passe son temps à ne pas écouter et à provoquer des conflits dans la classe. »

« Enfant violent chaque fois qu'il est contrarié. Et il l'est souvent ! »

Il m'arrivait parfois de barbouiller un peu l'écriture des annotations, en faisant tomber, sans inadvertance, un peu de salive dessus, pour tenter de les rendre illisibles. Invoquant les aléas du parcours sur les chemins de l'école : « Ce n'est pas ma faute, j'ai été bousculé, le cartable est tombé dans le caniveau ! »

Mon beau-père, comme je ne portais pas son nom, refusant de signer le cahier, c'était ma mère qui, après le repas du soir, allait chercher l'encrier, me demandait mon porte-plume et écrivait lentement, détachant chaque lettre de son nom :

Marie-Louise Salomé

avec de belles majuscules tarabiscotées devant chaque mot. Moi, j'aurais voulu que le cahier de compositions disparaisse, soit supprimé. Qu'il n'y ait plus de cloisonnement entre l'école et la famille. Que chacun de ces univers, qui obéissaient à des règles différentes, se gère lui-même sans interférence aucune avec l'autre. J'aurais voulu que ma vie familiale, déjà passablement compliquée, ne soit pas polluée par les échos de ce qui se passait ou ne se passait pas à l'école.

Je pensais que ce n'était pas aux instituteurs de se faire aider par des parents ; ceux-ci étaient eux-mêmes en difficulté vis-à-vis d'un savoir qui commençait à se renouveler trop vite, et avaient eux aussi (assez souvent, j'imagine) des contentieux avec l'école ! Je voyais les grandes personnes être toutes de mèche pour se liguer contre les enfants, pour les contrôler, pour les garder sous influence.

Heureusement que nous avions des ressources. Ressources puisées dans cette vie secrète qui anime tout enfant, sans laquelle il ne survivrait pas, sans laquelle il ne deviendrait pas un être humain héros à la fois d'une liberté qui le dépasse et prisonnier d'une condition qui le limite.

≈

« Quand un enfant est ailleurs…
c'est en général parce qu'il ne se trouve pas bien là où il est. »

PATRICK CAUVIN

Les couleurs de l'enfance

J'AIMAIS la couleur orange et je détestais le mauve et le violet qui me paraissaient être des couleurs de mort, de non-vie. L'orange scintillait, je pouvais me plonger dedans, m'enfoncer profond et rejoindre une part d'infinitude faite d'acceptation inconditionnelle de tout ce qui m'entourait. Oui, c'est cela l'orange, la couleur d'une acceptation inconditionnelle dont j'avais tant besoin.

MON AMI Bébert aimait le rouge. Il y avait dans sa chambre un immense drapeau de l'Union soviétique, avec la faucille et le marteau. Quand il venait m'attendre à la sortie du catéchisme, il portait le plus souvent une chemise rouge, « pour faire enrager les bigots et les cagots ».

Plus tard, il aimera me faire entendre les chansons de Francis Lemarque. Et parmi elles, celle que j'ai souvent chantée, dans ma tête, à la jeune fille de mes dix-huit ans…

« Si tu crois que c'est
l'amour qui me fait,
te voir autrement,
autrement que tu n'es,
j'ai peut-être tort,
j'ai des rêves d'or,
car vois-tu
tu ne ressembles à personne... »

JE CROIS que mon frère aimait le blanc. Le blanc tout blanc, propre et net, symbole de pureté et de droiture. Ma mère aimait aussi le blanc, surtout le blanc bleuté des draps et des nappes de jour de fête, séchés au soleil, puis repassés avec soin.

MARCEL préférait le noir. Il s'habillait en noir des pieds à la tête, ayant convaincu sa grand-mère qu'il devait porter en permanence le deuil de sa mère. « Mais ta mère n'est pas morte, elle est seulement partie. Elle avait besoin de faire sa vie, tu comprends ! Ce n'était pas une fille d'ici, elle venait des îles. Je peux te le dire aujourd'hui, mon fils, ton père ne l'a jamais comprise. D'une certaine façon, il a bien fait de mourir à la guerre, il ne savait pas être heureux, on m'a dit qu'il n'avait pas souffert. Ta mère, même si j'étais rarement d'accord avec elle, je l'aimais beaucoup. Elle me faisait rêver, elle était habitée par un vent de liberté qui l'empêchait de tenir en place. Ta mère, c'était une femme qui avait un corps en avance sur notre époque… », ajoutait la grand-mère avec nostalgie.

Mais Marcel considérait que si sa mère était partie volontairement, en le laissant avec une grand-mère impotente, sachant qu'il n'avait pas de père, et sans se donner la peine d'envoyer de ses nouvelles, c'est comme si elle était morte.

J'ai appris plus tard qu'il avait fait pour elle une sorte de tombe, pas très loin du « bois de chez Gentil ». Un petit trou dans lequel il avait enterré un bracelet d'ambre ayant appartenu à sa mère et une poignée de coquillages en provenance des îles. Avec quelques pierres empilées, une croix en fil de fer, il avait créé un mini-tumulus, connu de lui seul. Il venait pleurer sur cette tombe, essayant d'apaiser sa colère et d'adoucir ses ressentiments en les transformant en chagrins et le plus souvent en tristesse.

DANS MA VIE, les couleurs étaient semblables à des personnages vivants, elles avaient chacune une place, balises familières qui jalonnaient mes errances, qui me permettaient d'avancer, qui me rassuraient au plus fort de mes doutes.

Je viens de toutes mes enfances

Aujourd'hui encore, je ne regarde pas les couleurs comme des couleurs mais comme des signes qui m'appellent ou me repoussent.

≈

« Mais il suffit que quelqu'un parle pour qu'il fasse clair et que les couleurs racontent.

Le noir pour le deuil, le rouge pour la passion, le blanc pour l'innocence. Le rose pour les filles, le bleu pour les garçons.

Il y a une sémiologie des couleurs ; elles communiquent et ce qu'elles montrent laisse des traces dans la langue elle-même : le rouge monte aux joues, on a l'air sombre quand on n'a pas des pensées noires. »

JACQUES ANDRÉ

La découverte de la lecture

JE NE REMERCIERAI jamais assez l'institutrice patiente et enthousiaste, dont je n'ai pas retenu le nom, qui m'a appris à lire. Tôt, dès le début de la dernière année de l'école maternelle. « Même si tu n'apprends que cela, ce sera déjà un beau cadeau que tu te fais ! » Elle ajouta même : « Comme ça, tu ne pourras jamais te perdre, la vie ne disposera pas de toi à tort et à travers ! »

En effet, la vie n'a pas disposé de moi à tort et à travers, même si elle m'a malmené, bousculé, entraîné dans des situations dangereuses et violentes.

Savoir lire, c'était accéder à un pouvoir inouï, celui d'aller librement vers la chose écrite et en particulier vers des livres.

J'ai donc su lire très tôt, mais je n'aimais pas lire. Je goûtais seulement le plaisir de surprendre (d'épater de temps en temps) ma mère en lui lisant le titre de certains articles dans *La Dépêche du Midi*. Jusqu'à huit ans, en dehors de quelques bandes dessinées (*Les Pieds Nickelés*, *Tarzan*), je ne lisais pas beaucoup. La lecture, la vraie, celle qui m'a emporté au grand galop de mon imaginaire, fit une entrée fracassante et définitive dans ma vie, avec les livres de Michel Zévaco : *Les Pardaillan*.

UNE DES PATRONNES chez lesquelles ma mère faisait des ménages lui donna un soir d'hiver quelques vieux livres de la Bibliothèque rose et le tome III des *Pardaillan*. « Pour vos enfants », lui dit-elle ajoutant à ce don un conseil éducatif qui ne coûtait rien : « Les parents d'un enfant qui lit n'ont plus de soucis à se faire ! » Les livres roses furent donnés à ma marraine Marcelle, qui raffolait des histoires de cœur.

Avec *Les Pardaillan*, je suis entré dans l'univers immense des livres, un univers qui enchanterait le reste de ma vie. Durant plusieurs mois, je pus mener ainsi plusieurs vies parallèles, m'identifiant successivement au fils, au père de Pardaillan, à l'un ou l'autre des personnages historiques qui peuplaient cette vaste saga traversant un siècle et demi d'histoire de France, entre le XVIe et le XVIIe siècle.

Ce récit se composait de dix tomes, que j'ai mis plusieurs mois à trouver, les recherchant patiemment au marché aux puces, qui se tenait tous les dimanches autour de l'église Saint-Sernin. Je lisais les différents volumes, dans le désordre, au hasard de mes découvertes, mais la chronologie importait peu. J'ai recommencé la série à plusieurs reprises, découvrant chaque fois des passages nouveaux qui m'avaient échappé à la première lecture ou que j'avais survolés trop vite.

Les Pardaillan, quelle aventure de les lire et surtout de savoir que je pouvais les relire autant de fois que je voulais ! Ces livres m'appartenaient. La vraie richesse me semble être là. Elle fut la seule que j'aie vraiment recherchée. Posséder autant de livres que je puisse en lire.

Aujourd'hui, les murs de ma maison en sont couverts et leur présence silencieuse me rassure.

MON DÉSIR de lecture se transforma très vite en besoin de lire. Car le besoin est plus ancien, plus profond, plus dense que le désir. Partout, à tout instant, dans la rue en allant faire les commissions, au fond du jardin sous le tilleul et surtout le soir dans mon lit, sous les draps, muni d'une lampe de poche et, plus tard, équipé d'une ampoule de faible voltage, savamment bricolée par Bébert avec du matériel « récupéré » à l'usine de son père.

LIRE ME PROCURAIT un apaisement extraordinaire. En entrant dans un livre, je me quittais pour devenir un autre. Je me restaurais aussi, m'attribuant des qualités de courage, d'initiative, de créativité pour compenser les avanies du quotidien. Je réparais l'enfant peu sûr de lui, qui doutait, qui se sentait si perdu parfois dans un univers plein de contradictions et pour tout dire incompréhensible.

≈

« L'air qui entoure chaque mot,
c'est le silence réfléchi de celui qui écrit.
J'ai confiance.
Quand il y a un mur de livres dans une pièce,
je me sens à l'abri.
Plus sûre que derrière toute porte blindée. »

JEANNE BENAMEUR

L'enfant de chœur

DANS une autre de mes enfances, je fus, durant trois ans, enfant de chœur. Pendant des mois, je suis resté persuadé que cela voulait dire : enfant de cœur. Je croyais qu'il fallait avoir un gros cœur, pour pouvoir pardonner à tous ceux qui fréquentaient l'église avec certainement plein de péchés à l'intérieur d'eux, car je voyais bien que tout le monde n'allait pas à confesse !

Alors, avant d'entrer dans la sacristie pour me changer, je vérifiais si mon cœur était bien à sa place et battait normalement, pour pouvoir remplir ma mission avec le plus de recueillement et de bienveillance possible. Avec un surplis de dentelle blanche, sur une robe rouge, qui avait toujours besoin d'un bon nettoyage, j'assistais le vicaire, qu'on appelait le « père Jean » (le curé ne voulait pas de moi, il préférait un plus petit qui s'appelait Rémy et pour lequel il manifestait plein d'attentions curieuses, de sollicitude envahissante et empressée). Aux baptêmes, mariages et enterrements, nous recevions quelques piécettes, que nous utilisions pour acheter de la réglisse et surtout pour aller au cinéma L'Éden, le dimanche après-midi, à la séance de trois heures qui pour différentes raisons était la moins chère, tandis que les adultes préféraient celle de cinq heures.

Mais en grandissant, mes besoins (ainsi que mes désirs) avaient augmenté, ils avaient pris de l'ampleur et étaient devenus plus coûteux. Comme dans notre milieu il n'y avait pas d'argent de poche, avec mon collègue de sacristie Daniel (qui n'était pas mon meilleur copain mais qui était fiable), nous avions modifié le tronc attribué à saint Antoine de Padoue (le plus garni). À l'aide d'un petit montage simple, nous pouvions (de préférence au moment de la sieste, lorsque l'église était vide) ouvrir à notre convenance le fond du tronc, prendre scrupuleusement la moitié du contenu et remettre le tout en place, ni vu ni connu, pas vu pas pris.

Scrupuleusement, car nous avions des principes et une idée précise de ce qui était juste et de ce qui ne l'était pas. Nous ne prenions donc que la moitié des offrandes, partageant équitablement avec le saint qui, comme la suite le prouvera, ne fut ni vindicatif ni rancunier (c'est une de mes convictions les plus profondes !), même après tout ce que nous lui avons fait subir !

C'est ainsi que, durant plus de trois ans, le tronc du saint tonsuré, qui n'avait jamais froid aux pieds, saint très vénéré par les fidèles de l'église Saint-Nicolas, sur la rive gauche de la Garonne, fut une manne providentielle pour deux enfants qui, sans aucun état d'âme, s'approprièrent scrupuleusement, en toute bonne conscience, ce qui leur paraissait un dû. Leur raisonnement était fort simple : ceux qui donnaient à l'Église donnaient pour les pauvres et nous étions, Daniel et moi, quasiment les plus pauvres parmi les pauvres, donc c'était pour nous qu'ils donnaient !

MA CARRIÈRE d'enfant de chœur (mais non de cœur) s'arrêta quand le père Jean subodora un problème. Il avait observé que le saint n'était pas en perte de vitesse et qu'il restait dans le groupe de tête, c'est-à-dire qu'il y avait toujours autant de femmes agenouillées devant sa statue de plâtre polychrome et qu'il n'y avait aucune raison pour que la recette du tronc soit maigre et même inexistante. De plus, cette semaine-là, il constata avec stupéfaction qu'il n'y avait rien dans le tronc. Ce qui n'était jamais arrivé depuis l'installation du saint dans sa niche.

En fait, nous avions, mon complice et moi, transgressé notre propre règle et prélevé plus de la moitié du pactole. Disons-le tout net : nous avions tout raflé. Grosse erreur de jugement que j'ai cher payée ! Je fus expulsé de la sacristie, avec interdiction formelle d'y mettre le « moindre pied ».

Mon collègue Daniel fut gardé comme enfant de chœur, car il était le meilleur goal de l'équipe de football de la paroisse qui devait jouer la semaine suivante contre celle de Saint-Pierre. L'Église devait être coutumière de ce genre d'arrangement, car cette décision n'étonna personne. Je fus donc sacrifié. Une partie de ma foi s'évapora ce jour-là, et le reste se dilua assez rapidement entre divers doutes. Mais, je le répète, saint Antoine ne m'adressa aucun reproche personnel et continua de veiller sur moi, sollicité et encouragé par ma mère, qui ne sut jamais les raisons exactes de mon éviction.

Cette année-là, c'est Marcel qui m'offrit le cinéma. Chaque fois qu'il le pouvait, c'est-à-dire tous les dimanches, car il savait se priver de bonbons et s'alléger de jouets ou d'affaires scolaires inutiles qu'il revendait, pour pouvoir disposer des quelques piécettes nécessaires à notre passion commune.

J'AIMAIS bien être enfant de chœur. J'avais l'impression que, dans ce rôle, je pouvais à la fois donner de l'amour, abondamment, gratuitement, autant que chacun pouvait en recevoir, au moment des enterrements par exemple, et aussi offrir de la joie, de la compassion, au moment des baptêmes et des mariages. L'habit rouge me transformait, me débarrassait de tous les obstacles et autres empêchements qui normalement obstruaient ma vie.

Je perdis beaucoup en n'ayant plus le droit de porter cet habit et de servir la messe. Cette exclusion me rejeta un peu plus dans l'agitation et le chaos.

≈

La foi est plus volatile que les croyances,
mais elle nous emporte plus loin.

Le péché de chaire

HABITUELLEMENT, c'est avec le père Jean que je me confessais dans une petite chapelle réservée aux enfants, mais comme nous étions en froid depuis l'affaire du tronc de saint Antoine, je me résolus à me confesser avec le curé. C'était une première, qui donna lieu à un immense malentendu.

Ce jour-là, le confessionnal prit une dimension nouvelle. Jusqu'alors il n'avait servi qu'à des jeux de cache-cache avec Daniel ou l'un et l'autre des enfants de chœur. Mais l'endroit le plus recherché était la chaire en bois sculpté.

Nous montions doucement les escaliers en colimaçon, nous nous couchions tout recroquevillés sous la banquette capable de supporter le poids des différents prédicateurs, même si elle était peu sollicitée car la plupart préféraient parler debout. Le plus souvent, nous nous glissions à deux dans le petit placard qui supportait la tablette sur laquelle le prêtre posait les notes de son sermon. Cet endroit qui sentait la cire d'abeille et luisait doucement dans la lumière des bougies avait quelque chose de rassurant et de magique.

Ce jour-là, quand je suis entré dans le confessionnal, c'était pour le bon motif : me débarrasser de mes péchés, retrouver ma virginité, entrer dans l'univers des purs, ceux qui n'ont plus rien à se reprocher. J'avais un trop-plein de péchés en moi et je me sentais très lourd. Le temps était venu d'essayer de me confesser pour de bon, de déposer mes fautes dans les bras de Dieu ou de l'un de ses apôtres. Je me suis agenouillé, j'ai entendu le petit panneau de bois glisser doucement, l'ombre d'un visage énorme s'est penchée vers la grille en bois, une haleine chargée d'odeurs de café et de moisi m'a fait un peu reculer dans un premier temps. Puis, devant le silence, je me suis rapproché et j'ai poussé un immense soupir. C'est le curé qui parla le premier.

« (*Voix très basse.*) As-tu commis le « péché de chaire », ai-je entendu, comme une plainte.

– (*Voix paisible.*) Oui, souvent.

– (*Voix étonnée.*) Comment, souvent ?

– (*Voix normale.*) Oui, chaque fois que je viens à l'église…

– (*Voix outrée.*) Comment, tu as fait ça dans l'église ?

– (*Voix légère.*) Mais c'était pour jouer.

– (*Voix encore plus irritée.*) Et tu me dis que c'est pour jouer ?

– (*Voix banale.*) Oui, avec les autres enfants de cœur !

– (*Voix crispée.*) Avec des enfants de chœur ? »

Silence de ma part.

« (*Voix accusatrice.*) Alors c'est toi qui as perverti tous les autres ?

– (*Voix curieuse.*) Ça veut dire quoi, perverti ?

– (*Voix impatiente.*) Ça veut dire celui qui entraîne les autres dans le mal.

– (*Voix rassurante.*) On ne s'est jamais fait mal, on joue, on rit souvent.

– (*Voix encore plus impatiente.*) Mais vous faites quoi alors, vous faites quoi exactement ?

– (*Voix normale.*) On joue à se courir après, à se cacher, à se sauter dessus. »

Grognements d'impatience.

« (*Voix explicative.*) On ne fait rien de mal, des fois on se tient juste serrés sous le banc, les uns contre les autres, pour que les autres continuent à nous chercher…

– (*Voix inquiète.*) Vous faites ça à plusieurs ?

– (*Voix normale.*) Non, seulement avec des copains.

– (*Voix horrifiée.*) Uniquement avec des garçons !

– (*Voix conciliante.*) Oui, on n'aime pas que les filles se mêlent à nous, elles font trop d'histoires !

– (*Voix sévère.*) Mais tu es un véritable dévergondé de faire ça avec des garçons !

– (*Voix interrogative.*) C'est quoi, dévergondé ? On n'a rien abîmé ! On n'a jamais cassé la petite porte [je pensais aux gonds de la porte qui fermait le haut de l'escalier de la chaire]. »

Ensuite je ne me souviens plus. Les questions devenaient techniques : par-devant, par-derrière, dessous, dessus, avec les mains, avec la bouche (gros point d'interrogation chez moi).

Le curé cherchait le maximum de détails, il voulait

savoir à tout prix quelque chose que je ne savais pas moi-même. Plus je tentais de dire que c'était un jeu, plus l'affaire devenait sérieuse et grave.

(*Voix fatiguée.*) : « Est-ce que tu regrettes au moins ce que tu as fait ? »

J'ai dit oui pour lui faire plaisir, car je voyais qu'il était très inquiet. J'ai eu droit à dix *Notre Père*, à dix *Je vous salue Marie* par jour, durant tout un mois. J'ai dû promettre que je ne commettrais plus le « péché de chaire » ! Ni avec les filles et encore moins avec les garçons.

PENDANT plusieurs semaines, le curé me regardait longuement, refusant de me saluer quand il me croisait. C'est le vicaire, le père Jean, qui dénoua, je crois, cet imbroglio entre chaire et chair. Car il savait que l'église était un vaste terrain de jeux, il en connaissait tous les coins et savait nos préférences pour tel ou tel endroit.

Mais le curé, sans que je sache pourquoi, continua à m'en vouloir. À m'en vouloir de ses propres pensées. J'ai dû occuper son esprit pendant plusieurs semaines.

≈

Je n'ai jamais gagné un concours de péchés,
et pourtant je me suis longtemps entraîné.

À la campagne

NOUS FÛMES durant plus de dix ans, mon frère et moi, des enfants sous-alimentés, toujours affamés, assoiffés, en mal de recevoir. Nous étions pauvres (refrain connu) et c'était l'Occupation. Les services sociaux, avec l'aide d'une association caritative, proposèrent à nos parents de nous envoyer, durant trois étés de suite, à la campagne, « à la ferme », pour nous « engraisser avec un peu de bon air et de bonnes choses qu'on ne trouvait plus à la ville ».

Je fus ainsi placé, à cinquante kilomètres de Toulouse, dans une ferme où ne vivaient que des femmes. Les hommes étaient absents : morts à la guerre, prisonniers, déportés, envoyés en Allemagne par le service du travail obligatoire (STO) ou absents pour d'autres raisons plus mystérieuses les unes que les autres. J'ai su plus tard que certains avaient rejoint le maquis.

C'EST AINSI que j'ai partagé durant trois fois deux mois le lit d'une grand-mère. Une très vieille dame peu bavarde avec qui je m'entendais bien, car elle voyait tout, semblait me comprendre et ne disait mot.

Nous dormions ensemble. Je ne me rappelle plus où dormait mon frère. C'était un lit d'autrefois, en bois satiné, ciré, qui brillait comme un rubis sombre. Il était très haut, il fallait grimper dessus, à l'aide d'un petit tabouret. C'était un lit profond, qui portait mon corps comme une vague quand je m'étendais dessus, mais qui m'engloutissait sitôt que la grand-mère, l'heure venue, se couchait.

Le matelas était traversé d'une immense crevasse en son milieu, qui devenait un gouffre quand la vieille dame s'étendait pesamment à plat, tout proche de mon dos. Elle était asthmatique et j'entendais comme le bruit d'un soufflet qui ressemblait à celui de la forge du village où j'étais allé accompagner la patronne pour ferrer un cheval. Quand ses ronflements commençaient, je me retournais et m'agrippais de toutes mes forces à ses bras, à ses jambes, puis je passais progressivement sur elle, m'allongeais sur son ventre, me lovais sur sa poitrine. Alors elle posait ses deux mains sur mon corps et ses ronflements, ses bruits de soufflet, se calmaient, et nous traversions la nuit, accordés par un mystère très ancien, celui d'une confiance inouïe dans un accord des corps apaisés.

Durant la journée notre complicité était parfaite. Elle me défendait contre les oies vindicatives, me montrait comment caresser le chien, derrière l'oreille en remontant à partir du cou, me gardait des morceaux de fromage et me demandait de l'accompagner chez sa copine d'enfance, qui était sourde. Je pouvais aussi jouer avec des vieilles photos, qu'elle gardait dans un carton, et m'inventer des parents normaux. Des parents qui me comprendraient sans que j'aie besoin de dire quoi que ce soit. Des parents qui avaient une histoire familiale, avec des oncles, des tantes, des grands-parents.

C'est durant ces séjours à la campagne que j'ai senti combien je manquais de racines, combien je flottais dans un vide incertain sans liens avec une vraie famille. Je ne savais rien des origines de ma mère, rien de celles de mon géniteur. Je ne savais pas que j'allais être plus tard le fondateur d'une nouvelle tribu : la famille Salomé.

J'AIMAIS BIEN cette campagne. On ne me posait pas de questions sur ce que je faisais ou ne faisais pas. On me laissait libre de m'ennuyer à volonté, d'avoir la tête libre sans qu'on me demande : « À quoi tu penses ? Qu'est-ce qui ne va pas ? » ou encore : « Qu'est-ce qui se passe dans ta tête, tu vas encore nous faire des bêtises ! » Et surtout, ce que j'ai le plus apprécié, la question du lavage hebdomadaire dans la lessiveuse ne fut jamais abordée. Un petit coup sur le visage et les mains, c'était largement suffisant ; pour le reste, il y avait la rivière toute proche.

UN SEUL ENDROIT nous restait interdit : le grenier à foin. Francine, la fille aînée, nous avait recommandé de ne jamais y aller, elle nous avait prévenus que c'était dangereux, qu'on pouvait tomber dans l'une ou l'autre des trappes au-dessous desquelles se tenait le bétail ou encore, qui sait ? s'embrocher sur une fourche.

J'ai découvert un chemin secret, un minuscule escalier de bois, qui permettait d'accéder à une autre partie du grenier, un peu surélevée, ce qui m'a permis de voir que dans le foin, il y avait comme un grand trou, un espace aplani, semblable à un berceau. C'est là que Francine et son « languissant » (comme on l'appelait) se retrouvaient pour des ébats amoureux. Je ne distinguais pas très clairement ce qui se passait mais j'entendais les soupirs, les gémissements, les petits cris, les appels et les refus, les silences intenses. Toute cette ambiance me mettait en émoi sans que je puisse faire autre chose que m'éclipser et courir dans les champs en reprenant, tout en les amplifiant, les soupirs, les gémissements, les petits cris, les appels et les refus. Je sentais que cet univers était pour l'instant hors de ma portée, mais me serait accessible un jour, bientôt peut-être.

L'année suivante, Francine n'était plus là, elle était dans

une autre ferme « à élever son gosse toute seule, après on verra ! ». L'année d'après je fus surtout occupé par la petite Joséphine, dont je garde un souvenir très flou. Je sais qu'il était question de ses seins, tout petits, qu'elle me demandait de tirer, tout en me reprochant « de ne pas savoir faire comme il faut ! Que le Bertrand, lui, il savait, mais qu'elle avait peur de lui ! ».

≈

J'ai mis longtemps à comprendre que la campagne n'était qu'une toute petite parcelle de la nature.

Allons voir les blés

DE LA TROISIÈME année où nous avons été placés, mon frère et moi, à la campagne, je me souviens surtout de l'expression favorite du grand-père : « Et si on allait voir les blés ? » Dans cette ferme, le grand-père n'était pas le mari de la grand-mère, c'était un « grand-père de l'autre côté », c'est peut-être pour cette raison qu'il dormait du côté des chevaux.

La première fois, je fus le seul qui le suivit. Il me tenait la main, écartait les herbes avec son bâton, marchait d'un pas lent, le regard en avant. Nous traversâmes un bois, puis le gué d'un petit cours d'eau, et soudain un immense champ qui roulait des vagues et semblait avancer en moutonnant vers le couchant. Un blé doré à perte de vue, ondoyant sous le vent de cette fin de journée. Des milliers d'épis irisés par les rayons obliques du soleil qui faisaient scintiller les tiges mouvantes, palpitantes, si vivantes.

Juchés tous les deux sur un talus qui nous permettait de surplomber le champ, le grand-père m'expliqua qu'en cet endroit béni vivait tout un monde de lapereaux, de perdrix, de lièvres et surtout des alouettes. Elles me surprenaient chaque fois : elles jaillissaient à la verticale, s'élevaient dans le ciel d'un seul jet, puis disparaissaient dans un cri.

« Le blé, tu comprends, c'est plus que de l'or pour eux, c'est la vie. Comme nous, ils préparent l'hiver, ramassent, engrangent et cachent les grains comme un trésor. Je me demande si parfois certains n'oublient pas où ils ont caché leur moisson. Tu vois, les animaux, les oiseaux surtout, doivent passer en priorité, puis nous, puis eux encore, quand les blés sont coupés. » Je ne comprenais pas tout mais je sentais qu'il y avait là, sous mes yeux, une des merveilles du monde : un champ de blé blond qui mûrissait, s'épanouissait, s'offrait aux oiseaux, aux petits animaux et aux hommes.

« Et si on allait voir les blés ? » J'étais toujours partant, j'aimais surtout le silence que nous protégions l'un et l'autre. Un silence intense qui s'accordait bien aux murmures, aux frottements, aux ondulations murmurantes des épis. Il y avait aussi l'arbre à la chouette. Celle-ci, à notre arrivée, prévenait ses petits, qui s'arrêtaient aussitôt de pépier, de crier. Ils reprenaient dès que nous avions dépassé l'arbre, après nous être arrêtés silencieusement auprès de lui quelques instants, espérant vainement capter encore quelques pépiements, quelques petits cris. C'est la mère qui redonnait le signal, leur signalant qu'ils pouvaient gazouiller et jouer sans danger.

Allons voir les blés

J'ai gardé de ces excursions avec le grand-père vers le pays des blés un souvenir doux et paisible, et surtout la capacité de m'enchanter aux ruissellements et aux emportements du vent, qui arrivait de l'ouest par grandes bouffées chargées de vie. Il me faisait découvrir une nature charnelle, généreuse, accordée aux besoins des uns et des autres.

≈

J'ai toujours eu un faible pour les champs de blé,
même si j'apprécie la mer.

L'arrivée de la cousine

L'ANNÉE de mes neuf ans, une jeune femme fit son apparition à la maison. Cousine éloignée de mon beau-père, elle avait demandé l'hospitalité : « Seulement pour le temps de divorcer ! »

Elle dormait dans la cuisine, sur un matelas posé à même le sol. Matelas qu'il fallait ranger dans le couloir menant à la cave, chaque matin, car il aurait pris trop de place dans cette pièce à vivre qui servait à tous les moments du jour, la toilette, les devoirs, les visites des voisins...

Je crois qu'elle s'appelait Mélanie. Elle était blonde, fraîche, pas compliquée. Avec une certaine liberté d'être, dont témoignait son corps. Sa façon de marcher, de se pencher, de nous regarder appartenait à un autre univers que le nôtre. Chacun de ses gestes était chargé d'électricité, elle sentait bon et sa robe ne cachait rien de sa poitrine, de ses bras, de ses jambes, qu'elle avait longues et fines. Elle parlait de tout, c'est-à-dire qu'elle avait un point de vue sur tout. Ma mère disait d'elle : « Elle est plus que jeune, elle fait moderne ! » Je sentais une légère pointe de critique dans ce « elle fait moderne ».

La cousine révolutionna tout l'immeuble. Cinq locataires en tout. Et surtout Maurice, le fils de Mme L. qui vivait au deuxième. Maurice, qui était un grand de quinze ans, ne m'avait, jusque-là, jamais adressé la parole. Je n'existais pas pour lui, je devais être un mouflet insignifiant. Avec l'arrivée de Mélanie, il descendait souvent au jardin, s'attardait dans les escaliers. C'est à travers lui que je vis pour la première fois, en vrai, un vrai baiser comme au cinéma. Sur la bouche. Il était raide comme un piquet, c'est Mélanie qui lui tenait la tête, tout le corps plaqué contre lui.

La scène se passait dans le couloir du premier, commun à tous. Quand elle me vit, Mélanie prétendit que Maurice avait une poussière dans l'œil qui ne voulait pas partir. Mais j'avais bien vu le baiser de cinéma. Et j'ai pensé qu'ils allaient se marier quand Maurice serait plus grand. J'ai songé aussi, je dois le dire, qu'il ne méritait pas la veine qu'il avait, que Mélanie, belle comme elle l'était, pouvait au moins prétendre à quelqu'un comme le Cavalier blanc qui passait, cette année-là, tous les dimanches à L'Éden, à la séance de quinze heures.

J'entendis quelques jours après la scène du baiser de cinéma ma mère dire à Saturnin, mon beau-père : « Je crois qu'elle va nous faire des histoires. Il ne faudrait pas qu'elle reste trop longtemps. Ce n'est pas bon de ne rien faire toute la journée, de rester couchée sur le lit des enfants quand ils sont à l'école… » Mais Mélanie n'avait pas l'intention de partir tout de suite. Au bout d'un mois, elle trouva des occupations à l'extérieur. Elle disparaissait toute la journée et rentrait souvent après le repas du soir. « J'ai déjà dîné, je vous fais faire des économies… »

DEUX MOIS plus tard, elle partait, se volatilisait, ne laissant comme trace en moi qu'un souvenir inouï, où se mêlaient plaisir et tristesse. Un souvenir qui m'habita longtemps et qui servait de bouée à quelques-uns de mes fantasmes.

C'est le voisin d'en face qui nous raconta la fin. « La voiture était blanche, décapotable, le monsieur avait les cheveux blancs. Il est descendu pour lui ouvrir la portière, il a mis la valise de Mélanie dans le coffre. Avant de démarrer il l'a embrassée dans les cheveux. »

Il paraît que Mélanie n'eut pas un regard pour le voisin. Auparavant elle avait averti Mme Boubila, la veuve du premier : « Vous leur direz que je suis partie, que je ne reviendrai pas, que je vais être heureuse. Je veux mordre dans le bonheur quand il passe à ma portée. » Elle avait ajouté cette dernière phrase qui me parut très étrange et que je n'ai jamais oubliée : « “Il vaut mieux mourir vivante que déjà morte !” C'est tout ce qu'elle a dit », conclut Mme Boubila.

Ce soir-là dans mon lit, j'ai pleuré de désespoir et de colère mêlés. Je ne savais pas encore que quelqu'un qui veut être heureux à tout prix n'a pas beaucoup de chances de l'être réellement, mais qu'il peut quand même essayer. Je ne sais ce qu'est devenue cette « cousine » improbable, si attirante, si avide de « mordre dans le bonheur ». Mais au moins j'avais un souvenir de Mélanie qui n'appartenait qu'à moi. J'étais le seul de la famille, du quartier, à avoir vu son sein.

≈

« Vous aimez les femmes »,
me dit-on souvent.
C'est certainement vrai,
mais cet amour n'est rien à côté du désir
d'être aimé par elles.

Le kaléidoscope

C'EST DANS la vitrine d'un bazar, nouvellement installé à la limite de notre quartier, que je l'ai remarqué. J'ai demandé au marchand ce que c'était. Il épela le nom consciencieusement : un ka-lé-i-dos-co-pe. Je ne connaissais pas le mot, déjà si difficile à prononcer, mais j'étais sûr de le reconnaître, à l'avenir, aux seuls cliquetis de la langue.

Il me tendit le tube et me montra comment regarder dedans. Quand j'ai fermé un œil, pour regarder plus profond avec l'autre, j'ai vu le monde se transformer. Ce que je voyais se découpait, s'enchevêtrait, se reconstituait de façon étonnante et mystérieuse. Je promenais cette petite lorgnette sur différents objets et aussitôt ils se modifiaient, changeaient de forme et de couleur. J'avais la sensation que l'objet ainsi transformé modifiait en retour quelque chose dans mon cerveau, qu'il déplaçait des trucs dans ma tête. Je me sentais comme un magicien. Je fus comme envoûté.

J'ai demandé au marchand de le garder pour moi.

« Bientôt je viendrai vous le payer, surtout ne le vendez à personne. D'ailleurs il ne faudrait plus le mettre en vitrine, il pourrait se casser ! » Je crois que je lui ai donné plein de conseils pour protéger ce trésor. Je n'eus de cesse de pouvoir l'acheter (c'était encore l'époque bénie où le tronc de saint Antoine pouvait être pillé régulièrement, sans aucune pitié). Je vendis toute ma collection de *Bibi Fricotin*, échangeai une vieille montre contre un jeu de Monopoly, que je revendis contre du « vrai argent », qui s'ajouta à mon pactole. L'aboutissement de tous ces trafics et autres comptes d'apothicaire fut que je pus réunir la somme nécessaire à l'achat du kaléidoscope tant convoité.

Ce kaléidoscope enchanta tout un trimestre de ma vie. Tel un trésor, je le gardais quasiment en permanence sur moi, dormais avec, le cachais pour aller à l'école, le vénérais comme une idole sacrée.

QUAND mon frère, un jour, voulut jouer à son tour avec cet objet magique et le laissa tomber (je le crois par mégarde), il se brisa et éclata en une myriade de morceaux. Je fus soudain envahi par une tristesse si noire, si dense que j'étouffais. Je n'arrivais plus à respirer. Il n'y avait plus de place dans ma poitrine pour accueillir le moindre souffle d'air. Je découvris l'impuissance, l'insupportable impuissance de ne pas avoir de prise, de ne pouvoir influencer ou changer l'irrémédiable.

Cette blessure m'habite toujours, le même étouffement

m'étreint devant les situations éprouvantes ou les événements pénibles qui s'imposent à moi sans que je puisse modifier quoi que ce soit à leur déroulement. Je me débats alors contre l'inacceptable, l'inadmissible ; je voudrais pouvoir agir, faire quelque chose, intervenir, supprimer le chaos, pour tenter de déboucher sur un peu d'air, d'apaisement ou de sérénité. Le plus souvent en vain. Tout au moins tant que je n'ai pu lâcher prise et reconnaître que je suis démuni, que mon attente, ma demande ne seront pas comblées.

≈

Il est des objets qui deviennent des symboles,
ils sont alors des repères et plus encore des ancrages
pour toute une vie.

Vies multiples

Mes enfances forment un tout mais sont étroitement liées à une triple vie. Vie publique, officielle, un peu banale, sans éclat, appelée vie familiale et scolaire. Ensuite vie plus colorée, secrète, passionnante d'enfant de la rue, chef de bande à l'occasion, écumant le quartier à la recherche d'aventures et de gloire (que les adultes appelaient « des bêtises à faire »). Et surtout vie imaginaire pleine de possibles, quand le soir dans mon lit je faisais des rêves éveillés pour restaurer une image de moi très négative et m'inventer un monde qui saurait reconnaître ma valeur.

Paradoxalement, je garde de l'école des souvenirs émus (même s'ils sont ambivalents). J'étais un cancre, ne comprenant rien, ne retenant rien, ne voulant apprendre que ce qui rejoignait mes centres d'intérêt et menacé sans cesse de punitions et d'un avenir terrible. Avenir évoqué à haute et intelligible voix par différents adultes qui croyaient me connaître et qui me prédisaient de façon péremptoire « un avenir où même le bagne hésiterait à m'accueillir ». À cette époque pourtant, l'école n'était pas monotone. Durant les heures de cours, il arrivait toujours quelque chose qui remplissait mon appétit de vie. Il y avait surtout l'avant et l'après de l'école, toutes les rencontres, les aventures, les castagnes qui surgissaient soit sur le chemin pour y aller, soit sur celui du retour.

L'école, pour moi, suivait le déroulement d'un scénario parfaitement au point. Durant les cours, j'essayais, avec plus ou moins de succès, de me rendre invisible, inodore, sans saveur. Je peaufinais parfois, pendant les cours de grammaire, totalement inintéressants pour moi, des rêves très intimes qui m'auraient mis mal à l'aise si j'avais dû me lever pour aller répondre au tableau noir, tant mes désirs étaient parfois visibles !

Durant les récréations, installé toujours au même endroit, au pied du seul platane capable de donner un peu d'ombre et de retenir la pluie, je racontais des histoires. Des histoires à rallonge ou à épisodes, avec le même héros : justicier héroïque et modeste qui dispensait le bien en se cachant et que des ennemis habiles et malveillants traquaient sans cesse.

Mon héros favori : le Cavalier blanc, qui grâce à son cheval prénommé Courage pouvait faire face et affronter tous les dangers. Les pays où se déroulaient les prouesses de mon héros étaient de préférence montagneux, avec des torrents et des abîmes sans fond, ou désertiques et torrides mais peuplés d'animaux bienveillants qui venaient spontanément se mettre à son service. Car Courage connaissait le langage de tous les animaux et pouvait ainsi leur parler. Ce n'est qu'à bout de souffle que le Cavalier blanc, par l'entremise de Courage, acceptait de les appeler à son secours. Alors qu'il n'hésitait jamais à les avertir des dangers encourus, à les prévenir des intentions malignes des méchants !

Ne sachant aucune des leçons que j'aurais dû apprendre et donc savoir, ignorant les tables de multiplication, comme la plupart des règles de grammaire, je courais en permanence le risque d'être puni, d'avoir à recopier cent fois : « Je ne dois pas faire semblant d'écouter et de laisser croire que je suis là quand je suis dans la lune ou ailleurs ! » Si on oubliait le point d'exclamation final, il fallait recommencer cent fois de plus. Je commençais donc toutes mes punitions par le point d'exclamation en bout de ligne !

Aussi la plupart du temps, pour m'éviter d'être puni, les autres élèves répondaient à ma place, me passaient leurs devoirs, débusquaient toutes les embûches qui auraient pu surgir dans mon parcours de mauvais élève, pour permettre au conteur très recherché que j'étais devenu de tenir sa place sous le platane et de poursuivre ainsi les aventures du Cavalier blanc.

IL Y AVAIT aussi le monde fantastique du jeudi. Ce jour immense où nous étions libres de « ne pas faire des bêtises » – comme nous le recommandaient nos parents. Bêtises auxquelles nous consacrions, mon frère (avec qui je m'étais réconcilié, ce qui voulait dire que je l'avais mis au service de mes désirs, mission qu'il acceptait bravement), les copains du quartier et moi-même, l'essentiel de notre temps. Mettant, je dois le dire, l'infinie créativité de nos ressources dans les domaines les plus variés et au service des situations les plus inattendues.

≈

Il ne s'agit pas de multiplier à l'infini
les expériences de vie,
il suffit d'oser vivre à temps plein
chacune de nos vies.

La maison des fous

Il y avait près de chez nous, à quelque cinquante mètres de notre maison à vol d'oiseau, une grande maison blanche, une clinique spéciale, que nous appelions la « maison des fous ». Je n'ai jamais vu, durant toute mon enfance, quelqu'un entrer ou sortir par le grand portail vert qui en marquait l'entrée, cernée par un immense mur de pierre noire.

Mais les soirs d'hiver, toujours au coucher du soleil, nous entendions des cris. De longs cris aigus, déchirants, qui sautaient par-dessus les toits et faisaient que nous marquions un temps d'arrêt dans nos jeux ou nos échanges, attendant quelque chose qui ne venait jamais.

Nous avions découvert, Marcel et moi, qu'en montant sur le toit du charbonnier voisin, puis en rampant sur le faîtage d'un mur commun à son hangar et à la clinique et en se laissant glisser sur le toit d'un petit appentis, nous pouvions apercevoir un coin du parc des fous, où se rassemblaient indifféremment des hommes et des femmes, des jeunes et des vieux, occupés à des rituels qui ne variaient jamais. Certains marchaient suivant un tracé complexe entre arbres et buissons, une sorte de circuit qui se répétait sans cesse, sans qu'aucune rencontre ait jamais lieu, sans aucun échange, sinon quelques borborygmes et gestes désordonnés adressés au ciel. D'autres restaient rigoureusement immobiles, le corps arc-bouté, un bras levé ou une jambe en l'air, sans que le temps n'ait de prise sur eux. Parfois arrivaient des hommes et des femmes en blouse blanche qui tendaient un verre d'eau et un cachet, puis repartaient sans mot dire.

Nous étions fascinés, le cœur serré, les yeux figés, attendant l'irruption d'un événement réel dans lequel nous aurions pu nous reconnaître.

Et puis un soir, tout près de nous, une voix chuchota : « Je sais que vous êtes là, surtout ne partez pas, ne partez pas, écoutez-moi, écoutez-moi. » Les mots se dédoublaient, chaque fois plus persuasifs. « Je ne suis pas folle, je ne suis pas folle. Attention, on vient, on vient, ne vous montrez pas, ne vous montrez surtout pas, surtout pas. Revenez demain, demain... » La voix se tut, il y eut comme un froissement de branches, un remue-ménage, du gravillon qui crissait, sans aucune autre parole.

Le lendemain, nous étions là et le surlendemain aussi, mais la voix resta silencieuse. Celle qui nous avait parlé et que nous n'avons jamais vue ne se manifesta plus. La voix était venue du bas. En nous penchant au maximum, Marcel s'avançant jusqu'à l'extrême bord du toit de l'appentis, moi le tenant par les chevilles, il vit tout au-dessous un petit banc de pierre, entre deux arbustes. Rien d'autre. Mais quelques jours plus tard, nous vîmes dans la gouttière rouillée un papier tenu par du fil autour d'une pierre. Le message s'adressait à nous : « Délivrez-moi, ne les laissez pas faire, ils m'appellent Jeanne la folle, mais ce n'est pas mon vrai nom, je m'appelle Jeanne Marie. Méfiez-vous, ils sont méchants et menteurs. Personne ne vous croira, mais il faut me croire, je ne suis pas folle. Je… » Il manquait des mots au bas du papier inégalement déchiré.

Nous fûmes souvent présents cet automne-là, Marcel et moi, à tenter d'écouter, de retrouver une voix répétant : « Je ne suis pas folle, je ne suis pas folle. » En se penchant encore une fois, Marcel m'annonça qu'il n'y avait plus de banc, plus d'arbustes, seulement des gravillons gris à leur place.

C'EST MARCEL qui demanda en classe, tout de suite après la leçon d'éducation civique, si l'instituteur connaissait quelqu'un qui s'appelait Jeanne la folle. Celui-ci, comme beaucoup d'adultes détenteurs de savoir, répondit à la question sans entendre l'interrogation que notre demande contenait. « Jeanne la Folle fut reine d'Espagne, on disait alors de Castille et d'Aragon. C'était la mère de celui qui deviendra le tout-puissant empereur Charles Quint au XVIe siècle. Mais ce n'est pas à notre programme du cours d'histoire de cette année, vous l'étudierez au lycée, si certains y arrivent. » Nous n'étions, ni Marcel ni moi, dans les « certains » en question !

Jeanne la folle nous intrigua durant plusieurs mois. Internet n'existait pas et les dictionnaires Larousse n'étaient pas encore à notre portée.

Et puis un jour, la clinique fut fermée, son parc devint silencieux. Les fous furent enfermés ailleurs, « car un fou reste toujours un fou », disait-on dans le quartier. Cependant, malgré tout notre courage, nous n'osâmes plus jamais, Marcel ou moi, descendre dans le parc, pourtant vide de toute présence humaine. Il restait pour nous comme un lieu irréel, hors du présent.

≈

« C'est en acceptant de vivre en bonne entente avec ma folie que je suis redevenu normal. »

UN PATIENT

Trous noirs et labyrinthes

TOUTE L'ESPÉRANCE, la lumière, le vaporeux, le miel de l'enfance qui se perdent soudain dans une angoisse noire, rassemblée autour d'un seul effort : survivre, ne pas être englouti. Ne pas tomber, ne pas disparaître dans un trou noir, ne pas être absorbé par une faille de la vie, ou me perdre au tournant d'une nuit, risquer de m'égarer dans les labyrinthes d'un jour trop sombre.

Ici mes souvenirs sont vagues, ce sont plutôt des sensations, des éclairs qui me traversent, des sentiments troubles. Comme si la folie m'avait frôlé de son aile noire. Ce fut une époque où le temps de la nuit et celui du jour n'étaient pas bien séparés, où les rêves se mêlaient au réel.

Ce dont je me souviens avec le plus d'acuité, c'est que j'étais en danger, menacé, cerné de forces maléfiques. J'étais à la fois au bord de quelque chose et au-dessus. Le moindre faux pas aurait très bien pu me faire chavirer, tomber et disparaître à jamais. Le plus difficile, le plus douloureux et le plus éprouvant était de ne pas disposer de mots pour nommer, raconter ou tenter de comprendre ce qui m'arrivait. D'être seul, totalement et définitivement seul. Livré à ma détresse.

Ce ressenti, devenu une certitude, continua de m'habiter longtemps. Je me sentais seul pour affronter l'irreprésentable. Seul pour tenir debout dans les remous de la vie, pour marcher, avancer à tâtons dans un labyrinthe mouvant, qui se déformait, se rétrécissait ou s'élargissait sans que je puisse intervenir en quoi que ce soit, sans autre alternative que celle d'avancer, de devoir mettre un pied devant l'autre, irrémédiablement, sans pouvoir reculer.

Aujourd'hui encore, malgré tout le travail que j'ai pu entreprendre sur moi, je ne suis pas parvenu à établir des liens, à rassembler des faits, à retrouver des souvenirs plus précis qui pourraient s'ajuster ou compléter d'autres ressentis, à esquisser un dessin ou la moindre forme pour me rassurer ou donner un quelconque sens à ces trous noirs et à ces labyrinthes qui apparaissent encore parfois entre veille et sommeil.

JE SAIS que la vieillesse me rapproche de mes enfances sans pour autant m'en libérer totalement. Ainsi dernièrement, j'ai retrouvé une image qui a ressurgi des limbes. J'ai cinq ans, je marche dans une rue inconnue, je suis habillé d'un manteau trop grand pour moi, j'ai le crâne rasé (il y a eu des poux à l'école), j'ai la mâchoire crispée, le regard violent. Les poings serrés dans les poches de mon manteau, je maudis la Terre entière, car personne ne veut de moi. Tout autour, la vie est hostile et sans amour.

J'ai associé à cet épisode de mes cinq ans le récit que m'a fait un jour de partage mon géniteur, quelque cinquante ans plus tard, quand il m'a parlé d'une période de sa vie d'enfant, particulièrement douloureuse pour lui. « Ma mère, enceinte de moi à dix-sept ans, a été obligée de se marier (pour réparer la faute) avec le "suborneur", comme le nommait mon père. Un homme qui avait, lui, cinquante-deux ans, mon père Jean-Baptiste, celui qui se trouve donc être en quelque sorte ton grand-père paternel. Quand elle devint veuve, trois ans plus tard, elle est tombée en amour avec Louis, un fils de famille, et là elle s'autorisa à vivre la vie de jeune fille qu'elle n'avait pas eue à cause de moi. Je fus alors abandonné, laissé à la rue. J'ai trouvé un vieux landau anglais, avec une suspension extraordinaire, qui grinçait quand je grimpais dedans et je vivais ainsi, protégé du vent mais non de la pluie. Je parcourais la ville à la recherche de nourriture, de coins tranquilles. De temps à autre je revenais à la maison, découvrais ma mère qui dormait en plein jour, car elle vivait surtout la nuit. Louis lui avait acheté une Dion Bouton, et elle partait en virée avec toute la jeunesse dorée du Toulouse de l'époque. J'étais jaloux de son bonheur. J'oscillais entre haine et amour pour elle. J'ai survécu ainsi dans l'attente d'un peu d'attention de sa part, je ramassais quelques miettes d'amour, mais c'était bien trop peu… »

Alors qu'il se confiait ainsi à moi, Pierre, mon géniteur, serrait les poings. Il gardait encore en lui tant de ressentiments accumulés qu'il ne pouvait s'empêcher, des années après la mort de sa mère, de continuer à lui reprocher sa conduite et surtout son manque d'amour envers lui.

Il me semble, pour ma part, que j'ai lâché prise aujourd'hui sur la plupart des ressentiments, rancœurs, reproches qui ont pollué longtemps ma vie. Que j'ai renoncé à ceux qui me taraudaient de façon cyclique, mais je sens qu'ils peuvent encore ressurgir et parasiter mon présent.

≈

Le difficile dans la recherche de la vérité,
c'est que parfois on la trouve.

Les gardiens du trésor

IL Y AVAIT, plus au nord, à quelques pâtés de maisons de la mienne, un vieux garage abandonné, toujours fermé sur le devant, mais qui s'ouvrait à l'arrière, à l'abri des regards, par une porte discrète que nous avions, mon frère et moi, trouvé le moyen d'ouvrir et de refermer à notre convenance. Ce local servait de réserve, de débarras, inutilisé depuis des années, à un ancien commerce de mercerie. Il était entièrement occupé par des meubles de rangement verdâtres en carton dur, avec des centaines de minuscules tiroirs, chacun marqué d'une étiquette à demi effacée, contenant des boutons.

Des milliers de boutons d'autrefois : en corne, en métal cuivré, en os, en ivoire et surtout en or et en argent (du moins en étions-nous persuadés), sur lesquels étaient gravés des ancres de marine, des ailes, des rameaux d'olivier, des tresses et autres motifs qui les transformaient en bijoux magiques. Bijoux chargés des attributs du pouvoir, comme on en voyait aux « actualités », lors des cérémonies officielles, et que nous manipulions avec autant de crainte que d'admiration.

Nous nous étions institués, mon frère et moi, les gardiens de ce trésor. Nous n'avons jamais emporté un seul bouton, jamais enlevé ou dérobé aucune des merveilles qui emplissaient cette caverne. Notre secret et notre plaisir étaient simplement de les regarder et de les toucher.

Les grandes vacances approchant (nous devions, mon frère et moi, partir ensemble en colonie), nous avions commis l'erreur d'aller voir une dernière fois notre trésor (c'était bien le nôtre !) en plein jour et non en fin d'après-midi, comme à l'accoutumée. Je me souviendrai de ce samedi matin, jour funeste entre tous.

Nous fûmes surpris dans notre contemplation par le cri aigu d'une sorcière courroucée, qui se précipita vers nous en abattant, sans aucune hésitation et avec beaucoup de précision, sa canne, d'abord sur ma tête puis sur le dos de mon frère. « Bandes de voyous, de chenapans sans cœur, d'hypocrites, de graines de bagne, de sapajous, d'ingrats [ce jour-là, mon vocabulaire s'est considérablement enrichi], je vous ferai enfermer jusqu'à votre majorité et même plus si je le peux ! Vous méritez la guillotine ! » Elle éructait ses menaces dans un tumulte de gestes, de hoquets et de râles (la dame s'étouffait d'indignation, sans perdre pour autant de sa virulence).

Nous fûmes convoqués, accompagnés de ma mère en pleurs, au commissariat. Les deux policiers présents approuvèrent pleinement l'ex-mercière, qui n'avait jamais voulu vendre son stock de boutons. Pour lui faire plaisir, je le découvre aujourd'hui, ils se comportèrent avec mon frère (cinq ans) et moi (neuf ans) comme si nous étions de dangereux délinquants. Ils firent planer le spectre de la cour d'assises. Ma mère, effondrée, jura sans hésiter, sur la tête de son saint préféré, qu'elle n'avait jamais vu un seul bouton dans le « coffre secret du pirate » que nous tenions caché sous l'escalier du jardin (nous découvrîmes par la même occasion qu'elle en connaissait non seulement l'existence mais aussi le contenu !).

Les assises et le bagne nous furent épargnés, mais j'ai gardé de cette succession d'événements un profond sentiment de méfiance envers les adultes et beaucoup de doutes sur leur capacité à entendre au-delà des apparences, à prendre le temps d'écouter, d'échanger, de saisir le sens d'un comportement chez un enfant. Ce fâcheux constat raviva une blessure plus ancienne, encore douloureuse en moi : celle de l'injustice. L'injustice de ne pas me sentir entendu, compris, cru ou valorisé.

Nous avions été, mon frère et moi, les chevaliers loyaux et fiers qui avaient protégé, durant plus d'une année, le trésor abandonné de la vieille dame, et on nous accusait de l'avoir pillé ! On aurait dû nous remercier, nous décorer, nous remettre un témoignage de reconnaissance, un bouton d'argent avec un aigle – il y en avait un seul et il aurait pu être pour moi ; mon frère, lui, aurait préféré un bouton doré avec une ancre (il y en avait plusieurs).

L'IMMENSE fossé d'incompréhension qui existait déjà entre les adultes et moi s'agrandit encore un peu plus. Il avait commencé de se creuser plus tôt, la deuxième année de la grande école, au cours élémentaire première année : je fus accusé (à tort) d'avoir volé l'argent, prévu pour la cantine, d'un garçon de la classe. J'ai oublié son nom, mais j'avais eu l'intuition qu'il s'était dérobé à lui-même cette somme de cinq francs, destinée à payer ses repas de midi pour toute une semaine. Mais à huit ans, on ne cafarde pas ! On reste digne et stoïque devant les coups du sort venant de ses pairs ! Toute l'année, l'institutrice me considéra comme le coupable. D'autant plus coupable que je ne voulais pas avouer, ce qui à ses yeux était la confirmation d'une évidence : j'étais bien le voleur, j'étais bien, selon elle, le seul de la classe à avoir « une tête capable de faire ce coup-là ». Un coup aussi bas : être capable de voler l'argent de la cantine d'un de ses petits camarades, c'est-à-dire vouloir l'affamer en pleine période de restrictions – nous étions en 1943… L'année suivante elle mourut, je crois, d'un cancer. Ma mère fit le reproche à saint Antoine (car elle pouvait se montrer ferme, même avec le saint qu'elle révérait le plus) d'être resté sourd à la souffrance de cette enseignante, mais moi j'ai été longtemps persuadé – pensée inavouable ! – qu'il avait frappé juste !

J'AI PORTÉ, durant quelques-unes de mes enfances, différentes étiquettes, durables, toutes négatives, dévalorisantes et disqualifiantes, pour ne pas dire infamantes, qui m'ont collé à la peau et au corps, jusqu'à mon départ pour le sanatorium où je fus hospitalisé durant quatre ans. Là, j'ai été affublé de nouvelles étiquettes, autrement plus lénifiantes, au choix dans l'ordre ou le désordre : « Quel-garçon-courageux-tu-es ! », ou : « Comme-tu-dois-souffrir-d'être-ainsi-condamné-à-rester-couché-dans-un-plâtre-toute-la-journée ! » ou encore : « Tu-n'as-pas-trop-mal-au-moins ? »

≈

Il est important de prendre au sérieux les utopies d'un enfant, si on veut vraiment le rencontrer.

Le souterrain de la garderie

JE FUS très tôt fasciné par les souterrains. Le jeudi était à l'époque un jour magique qui agrandissait la semaine, jusqu'aux rives de nos rêves les plus fous. Comme mes parents travaillaient tous les deux, nous prenions, mon frère et moi par nécessité, mais Marcel par choix, nos repas à la cantine de la garderie, qui ouvrait les jeudis et même les samedis.

L'immeuble d'un seul tenant comprenait une immense cuisine, un vestiaire et une salle à manger (salle à dévorer) qui aurait pu contenir cinq cents convives. L'ensemble comprenait également un bâtiment jumeau qui bordait l'autre partie du terrain. Ce bâtiment bis abritait en rez-de-chaussée une salle de sport et comportait au-dessous, sous toute sa surface, non pas un sous-sol ou une cave, mais un espace vide haut d'un mètre cinquante environ, dont nous avions découvert l'entrée, derrière un amoncellement de bidons et de caisses. Cet espace restait toujours dans une pénombre douce, donnée par des trous d'aération semblables aux meurtrières d'un château fort.

Ce souterrain, que nous avions transformé en caverne, fut le terrain de jeux privilégié de toute notre bande. Terrain de jeux secret. Après une période d'initiation complexe, dont je détenais les règles, je faisais prêter serment à chaque postulant de n'en dévoiler l'existence à personne sous peine d'avoir le cœur transpercé (pas moins !) par une flèche, que je pouvais commander à volonté et dont moi seul connaissais l'usage.

La « flèche des traîtres », ainsi s'appelait-elle, resta un mythe durable dans le quartier. Car, des années plus tard, un des garçons de la bande, devenu jeune adulte, me parla d'elle de façon péremptoire, m'affirmant qu'elle avait au moins servi une fois, et qu'un garçon avait eu, au bord de la Garonne, le cœur traversé par la flèche des traîtres !

JE NE SAIS si ce souterrain stimula notre libido, qui chez beaucoup d'entre nous était réveillée et active, mais alors que nous écartions le plus souvent les filles de nos jeux, nous tentions au contraire de les amener, yeux bandés, oreilles scellées par de la mie de pain, à venir partager notre présence. Je ne peux dire les choses autrement, car nous ne faisions rien d'autre que de rester assis, quasiment muets, dans l'ombre tiède et douce de notre caverne, à faire circuler entre nous une racine tordue censée nous donner des pouvoirs. Il suffisait de la tenir à deux mains, de fermer les yeux, d'inviter tous les autres à faire de même, de penser à la chose qu'on désirait le plus, et nous avions la certitude que nous serions comblés.

D'ailleurs le vœu se réalisa pour plusieurs d'entre nous, jamais pour moi, je dois bien l'avouer. Les filles qui acceptaient de se laisser bander les yeux, d'être sourdes quelques minutes étaient des sœurs ou des cousines des membres de notre club, qui n'en compta jamais plus de cinq. Petit à petit, elles s'apprivoisaient, venaient plus près de l'un ou l'autre d'entre nous, pour s'appuyer, tenir une main, entourer une taille.

Aucune ne vint jamais vers moi. Je devais avoir l'air si farouche (si effrayé à l'intérieur) que pas une ne rechercha ma présence, même si je voyais chez Christelle (on l'appelait Chris), brune lumineuse, un regard parfois ému, que j'ai imaginé suppliant, invitant, sans que je puisse jamais oser entreprendre le moindre geste dans sa direction.

≈

Avoir accès à la vie souterraine des enfants nous permet de mieux les respecter dans leurs attentes et leurs possibles.

Marcher les yeux fermés

Ce fut le grand jeu de mes sept ans. Il débuta à l'automne, à la chute des feuilles. Juste avant de sortir de chez nous, de quitter la sécurité ombreuse du grand couloir de notre maison, qui débouchait sur les allées Charles-de-Fitte, je fermais les yeux et je restais quelques instants immobile pour apprivoiser l'obscurité.

Il y avait trois marches à descendre puis, les yeux fermés, je tournais sur la gauche et je m'avançais ainsi, de quelques mètres, en essayant de garder un pas régulier et assuré, me guidant au seul bruit des feuilles crissant sous mes pas. Après un court arrêt, il s'agissait de tourner brusquement vers la droite et d'avancer toujours les yeux fermés pour traverser en largeur les allées.

À cette époque, elles étaient bordées de chaque côté par deux rangées de platanes centenaires espacés, de part et d'autre des façades, par un terre-plein d'au moins huit mètres. Les platanes étaient plantés sur un terrain meuble, avec au milieu une chaussée goudronnée réservée à la circulation. L'été, les allées étaient semblables à une cathédrale de feuillage, dont les cinq travées se prolongeaient loin entre la place du Fer-à-Cheval et la place Saint-Cyprien.

Le moment crucial était la traversée du macadam. Le jeu consistait à ne pas s'arrêter tout en prêtant l'oreille au ronflement des moteurs venant de gauche et de droite, et d'avancer bravement pour rejoindre l'autre rivage, planté de platanes salvateurs.

En fait, le vrai jeu consistait à obliger une auto à nous céder le passage. Le bruit des freins était souvent accompagné par des cris de peur ou d'insultes. Celui qui avait recueilli le plus d'injures était le gagnant de la semaine.

MARCHER les yeux fermés m'a appris par la suite à me faire confiance, à accorder plus de fiabilité à mes ressentis et en quelque sorte à m'encourager à compter sur mes seules ressources, pour faire face aux menaces potentielles du présent et du futur, que certains appelleraient le destin. Ce rituel partagé avec Marcel et quelques autres garçons du quartier était notre façon à nous de donner des coups de pied ou de tête au destin.

≈

Il ne s'agit pas de défier le hasard, mais d'oser chaque fois rencontrer ses propres peurs.

Les noyades

IL FAUT que je précise que ma curiosité, ma passion devrais-je dire, pour les expéditions vers la prairie des Filtres constituait une transgression permanente aux interdits de ma mère et de mon beau-père.

« C'est dangereux, il paraît qu'il y a des sables mouvants, des tourbillons, des serpents et surtout des gitans. Et les gitans, ils enlèvent les enfants... », disait l'une. « Je ne veux pas entendre parler d'une escapade à la prairie des Filtres, sinon c'est la privation de cinéma (*la pire des punitions*) pendant un mois. Et là, il n'y aura pas d'apitoiement possible, ni de pardon de la part de votre mère, n'y comptez pas ! » criait l'autre qui ne savait pas parler sans crier.

Peut-être stimulé par l'image de ces fameux gitans qui enlevaient les enfants, j'allais, chaque fois que je le pouvais et surtout au printemps, sitôt quitté l'école, faire un tour au bord de la Garonne, justement dans cet endroit interdit et donc si désiré qu'était la prairie des Filtres.

Ce jour-là, j'étais seul, désœuvré, je faisais le « zigoto » sur une barque de pêcheur à fond plat, quand j'ai perdu l'équilibre et que ma tête s'est retrouvée coincée sous l'eau, la barque au-dessus. J'ai dû perdre connaissance, car c'est un pêcheur qui est venu me chercher, m'a ranimé, en me faisant un bouche-à-bouche sauvage et des mouvements de bras qui m'ont brusquement sorti, dans un dernier hoquet, de ma détresse respiratoire.

Ce vieux monsieur (qui avait été secouriste avant la guerre, m'a-t-il appris) voulait à tout prix me ramener chez moi. J'ai refusé et c'est ainsi que je suis apparu, « trempé comme une soupe » (expression typiquement toulousaine), aux yeux de mon frère et de mes parents.

Sur le chemin j'avais eu le temps d'inventer un mensonge qui tienne la route, car la faute était flagrante, comme en témoignait l'état piteux de mes vêtements. « C'étaient des gitans, ils étaient huit, ils m'ont entraîné, m'ont poussé à l'eau, ont manqué me noyer… »

Saturnin ne se laissa pas apitoyer : privation de repas, direction le lit, après avoir pris soin de mettre à sécher mes vêtements pour qu'ils puissent être disponibles dès le lendemain, « pour pouvoir partir à l'heure à l'école ». Ma mère, en cachette, m'apporta un bol de soupe, un petit morceau de pain, et la situation en resta là, durant trente ans.

Je n'en étais pas à ma première noyade. La toute première avait eu lieu au lavoir municipal, qui longeait l'avenue de Muret. J'avais six ans et je cherchais (déjà) à attirer l'attention des laveuses sur mon adresse et mon courage : je faisais le tour du lavoir, en équilibre sur le petit muret qui le bordait, quand j'ai dû glisser sur une partie savonnée et fus englouti dans un tourbillon de linge en attente d'être rincé. Plus je me débattais, plus il y avait de draps, de torchons qui se collaient à moi et m'entortillaient. Je fus délivré par deux robustes lavandières qui, sans trop se préoccuper de mes émotions, m'accusèrent d'avoir « salopé » leur travail, mes galoches pleines de terre ayant laissé quelques traces sur leur linge déjà tout propre.

J'AI DIT qu'après ma deuxième noyade la situation en était restée là durant trente ans. En effet, ce n'est qu'à l'âge de trente-sept ans que, de passage chez ma mère, fut évoquée devant elle, pour la première fois, cette mésaventure, qu'elle commenta aussitôt en reprenant exactement les mêmes reproches : « Nous t'avions averti pourtant, c'est pas croyable ce que les gitans se permettaient, rappelle-toi, ils ont manqué te noyer… »

Mais cette fois-ci j'ai pu lui dire, en l'appelant Marie-Louise (comme chaque fois que j'étais ému) : « Mais non, Marie-Louise, cela ne s'est pas passé comme je vous l'ai raconté à l'époque », et j'ai alors rapporté mon vécu d'enfant.

Et là, quelque trente ans plus tard, cette femme – ma

mère – a eu le geste juste, la parole vraie que j'aurais aimé entendre à sept ans. Elle s'écria : « Mon pauvre petit ! » et elle prit ma tête qu'elle serra contre sa poitrine. Poitrine que je n'avais plus sentie depuis mes quatre ans. J'ai pleuré toute l'eau que j'avais avalée, et j'en avais avalé beaucoup apparemment, car dans mes sinus est revenue l'odeur de la boue de la Garonne de mon enfance.

Quelques années plus tard, vers quarante ans, alors que je dirigeais une maison d'enfants, je me suis noyé une troisième fois, pris dans un remous de barrage, en donnant des leçons de canoë à un éducateur stagiaire. Je me suis réveillé avec un masque à oxygène sur le visage, au moment où le chef des pompiers demandait : « Et votre directeur, il sait que vous êtes là ?

– Oui, répondit le stagiaire en me désignant, c'est lui ! »

Et au soir de cette troisième (et dernière) noyade, dans mon lit, je sanglotai, redevenu tout petit, tout fragile, en comprenant enfin que je n'avais pas besoin de mettre ma vie à l'épreuve pour vérifier si j'avais vraiment le droit de vivre.

≈

Avec ce désir jamais assouvi
de revenir au liquide primordial,
celui qui nous a portés, nourris
et fertilisés à jamais.

Le rêve inaccessible

« J'AI AINSI vécu seul, sans personne avec qui parler véritablement, jusqu'à une panne dans le désert du Sahara, il y a… »

J'ai treize ans, mon plâtre vient d'être remplacé pour la sixième fois depuis mon entrée au sanatorium. Je relis encore et encore les premières pages du conte qui est entré dans ma vie il y a quelques semaines. Combien de fois ai-je lu et relu ce petit livre de Saint-Exupéry ?

J'étais envoûté. Ma vénération portait sur les dessins, sur certaines phrases, le format et le grain du papier qui me paraissait plus blanc, plus crémeux que celui des autres livres. Sous la simplicité de l'histoire, je pressentais pourtant que se tenaient cachés du sens, une compréhension, des messages auxquels je n'accédais pas toujours, mais qui restaient fascinants même dans leur mystère et leur incomplétude. Il y avait des expressions, des tournures qui m'échappaient parfois, et je m'apercevais que souvent j'hésitais autour des mêmes mots sur lesquels le Petit Prince lui-même butait comme pour affronter des rites éphémères, des apprivoisements, des épreuves à traverser. Tout comme dans ma vie, et cette identification me rassurait en quelque sorte.

BIEN SOUVENT le soir, sous les draps, j'allumais à nouveau la lampe de fortune, pour simplement être baigné par les mots du récit de Saint-Exupéry. Parfois l'infirmière de nuit m'arrachait le livre, sans que je puisse faire quoi que ce soit pour l'en empêcher. « Tu le retrouveras demain ! » Nous savions l'un et l'autre que nous recommencerions, moi à lire, elle à me retirer le livre en décrétant, une fois de plus : « Tu le retrouveras demain ! »

J'avais pour les transgressions une persévérance tenace. Le personnel de nuit était plus tolérant que les infirmières de jour. Celles de nuit se contentaient de soupirer, de marmonner quelques commentaires sur la nécessité d'avoir au moins huit heures de sommeil.

Parfois je griffonnais quelques mots affectueux pour le Petit Prince : « Cher Petit Prince, je ne connais pas un seul être au monde qui soit aussi courageux, aussi intelligent et surtout aussi sensible que toi. J'ai bien regardé autour de moi, dans tout l'étage des grands et même à l'étage des petits, il n'y a personne qui ait ta persévérance. Je te trouve si mystérieux. J'aimerais tant te rejoindre là-haut sur ta planète ! » Un jour, je lui écrivis une lettre que j'ai laissée volontairement toute la nuit dans le coin le plus extrême de notre terrasse. Il devait pouvoir la trouver, car j'avais posé dessus la pierre de mon poste à galène, une pierre qui brillait un peu la nuit. « Réponds-moi, s'il te plaît, si tu lis ma lettre. Signé : Un garçon qui voudrait te ressembler. »

UN SOIR de pleine lune, j'ai cru voir son ombre se détacher d'un nuage sombre qui passait devant elle. J'ai vu son écharpe flotter dans l'air, comme un filament étoilé. Le lendemain j'ai veillé à nouveau et scruté le ciel pour tenter encore de l'apercevoir. Il l'avait promis : « J'aurai l'air d'être mort et ce ne sera pas vrai », « Puisque j'habiterai dans l'une d'elles, puisque je rirai dans l'une d'elles, alors ce sera pour toi comme si riaient toutes les étoiles », « Toutes les étoiles seront des puits… Toutes les étoiles me verseront à boire ».

Et moi, Petit Prince, j'avais envie de t'offrir mes larmes pour te désaltérer.

≈

J'ai appris à marcher,
porté par un rêve
que je croyais inaccessible.

Le temps des amours

DANS PLUSIEURS de mes enfances, l'amour a été vécu par moi comme un besoin honteux. Besoin à la fois si présent, si impérieux et en même temps si dissonant, si décalé. Je pressentais confusément que l'amour de l'un ne s'ajustait pas nécessairement avec l'amour ou le non-amour de l'autre. Je me sentais mal à l'aise d'aimer, d'oser sentir le frémissement, l'appel, la violence du souffle qui traversait mon cœur et mon corps, qui me poussait d'un côté, de l'autre, me faisait chavirer. L'appel irrépressible, le mouvement qui me transportait vers l'autre me paniquaient.

Le seul amour en réciprocité qui irriguait ma vie était celui vécu avec ma mère. L'amour de ma mère m'était acquis sans aucune restriction. Il était là, il m'enveloppait, me protégeait et m'accompagnait partout. Je me baignais dedans sans aucune retenue et je sentais que le mien était accueilli sans réserve, avec joie, avec une tendresse qui l'agrandissait.

C'est l'amour au singulier qui me manquait, un amour

à moi seul réservé. L'amour d'une petite fille, plus tard d'une jeune fille qui aurait été émerveillée par moi, qui m'aurait donné son regard, prêté sa main, offert sa poitrine pour que je puisse m'approcher, fermer les yeux, me laisser aller, m'abandonner, m'oublier. Mes premiers essais furent catastrophiques.

JE NE SAIS plus son nom, elle avait quatre ou cinq ans, c'était dans la cour de l'école maternelle, et elle est venue vers moi en me disant : « Si tu veux m'aimer, moi je te donnerai plein d'amour, rien qu'à toi. » Moi, je voulais bien l'aimer, elle était si gentille, mais je ne savais pas comment. J'ai dit : « Oui, je veux bien t'aimer. » Et huit jours après, elle m'a dit avec un ton plein de reproches : « Tu ne sais pas aimer, tu ne fais rien. Ce n'est pas moi que tu regardes en premier en arrivant le matin à l'école, et quand tu souris, c'est toujours avec ton copain. Moi, je ne peux pas aimer quelqu'un qui ne sait pas aimer ! » Elle ajouta avec beaucoup de sérieux cette phrase étonnante pour une petite fille de son âge : « Entre toi et moi, les conditions pour s'aimer ne sont pas remplies, donc ce ne sera pas avec moi ! »

J'ai découvert ainsi que l'amour contient parfois beaucoup de reproches, d'accusations qui s'accumulent très vite, qui s'expriment plus ou moins tôt dans la relation, mais surtout qui s'entassent et finissent un jour par exploser et violenter celui qui croyait aimer et se pensait aimé.

Par la suite, je me suis acharné à vouloir aimer, je veux dire par là que je tentais, à ma façon, c'est-à-dire silencieusement, de proposer mes sentiments à des filles que je regardais de loin, croyant que ceux-ci seraient, par le seul pouvoir de l'amour, peut-être de ma seule volonté, capables de les alerter, de les faire se tourner vers moi, pour me sourire. Seulement me sourire. Un sourire qui aurait voulu dire : « Je te reconnais, tu peux venir plus près, j'accepte ton amour, je te donne le droit de m'aimer… »

C'EST VRAI, j'attendais qu'une fille me donne le droit de l'aimer. Me permette seulement de déverser sur elle le trop-plein de mes émerveillements, de mes enthousiasmes et surtout de mes silences. Un amour à sens unique m'aurait suffi, du moins je l'ai cru longtemps.

Mes errances silencieuses m'ont guidé de nombreuses années, sans me conduire jamais vers une qui aurait pu m'attendre, me reconnaître, m'accepter. J'ai découvert qu'il est des amours qui se cherchent longtemps, qui se croisent sans se rencontrer, qui se rencontrent sans se rejoindre, qui se partagent sans s'agrandir, qui se confrontent et qui se perdent dans beaucoup d'incompréhensions.

Mes amours en réciprocité sont venus tardivement.

J'ai appris depuis qu'on peut aimer pour presque

toujours, surtout dans l'instant, mais pas tout le temps, pas à temps plein comme je l'aurais souhaité ou comme l'autre me le demandait et souvent l'exigeait.

≈

Aimer et être aimé,
une offrande et une attente
qui ne s'accordent pas toujours.

Le sexe

ENFANT, ce n'est pas la sexualité qui prenait de la place dans mon esprit, dans mes pensées ou mes préoccupations, mais le sexe. Le mien d'abord, sujet d'observations multiples, toujours étonnées, parfois inquiètes. Pourtant l'essentiel de mes interrogations était tourné vers celui des filles. Puissant et insondable mystère sur lequel se focalisaient d'innombrables questions.

Aujourd'hui je me demande encore comment nous pouvions travailler en classe, recentrer notre attention, retrouver notre curiosité pour d'autres choses que le sexe.

AINSI, il y avait Juste. C'était son prénom. Pour nous, Juste était une sorte de géant débonnaire, qui à neuf ans dépassait, par la taille, l'instituteur. Il avait une tête plus grosse que celle du directeur de l'école, qu'on appelait pourtant Gros Tas. Juste avait aussi un sexe énorme. Une espèce de gourdin noueux, tout gris, qu'il sortait de sa braguette dès qu'il s'installait à sa place.

Sa grande taille, sa corpulence justifiaient qu'il puisse disposer d'une table, de tout un pupitre à lui seul.

En ce temps-là, on devait se mettre debout pour répondre aux questions du maître. Et quand Juste se levait, il soulevait tout le pupitre avec son sexe tout raide, qu'il tenait glissé dessous. Cela peut sembler incroyable, mais il réalisait cet exploit plusieurs fois par jour.

Nous hurlions alors de bonheur. Et chaque fois, plusieurs d'entre nous, qui ricanaient ou pouffaient de rire, avaient des regards d'envie. Quand l'instituteur posait une question à la cantonade, une partie de la classe s'écriait : « Juste, monsieur, Juste veut répondre ! » Juste se levait sans hésiter et disait avec une voix de basse : « Je sais pas la réponse, mais je voudrais bien la savoir... »

Le maître ne se fâchait jamais devant la bonne volonté manifestée par cet élève unique. Sachant le niveau limité mais aussi les colères imprévisibles qui pouvaient éclater, sans prévenir, chez ce faux enfant, il s'attachait à ne pas le brusquer.

Juste, je ne sais pour quelles raisons, me vénérait et donc me protégeait. Il cassa plusieurs fois la gueule à quelques lascars étrangers au quartier. Il suffisait que je lui dise : « Frappe » et, sans jamais en demander la justification, Juste frappait de son poing haut levé sur la tête de celui qui m'avait importuné.

Un jeudi nous avons fait, au bord de la Garonne, un concours pour décider qui avait le sexe le plus long. Juste, par évidence, était exclu de l'épreuve, déclaré à l'unanimité « hors concours ».

C'est l'un des frères Hippolyte qui gagna. Est-ce Armand ou Jules, qui se ressemblaient comme une goutte d'eau peut ressembler à une autre, je ne sais plus. Mais je n'ai compris que l'année suivante qu'il s'était arrangé pour être en érection, quand nous, pauvres malheureux, nous nous contentions de tirer le bout de notre pénis pour l'allonger au maximum.

≈

Dans l'enfance le sexe est sans cesse présent,
c'est la sexualité qui se trouve encore loin.

Les mystères de l'enfance

DANS quelques-unes de mes enfances, surgirent certains événements mystérieux et troublants qui, au-delà de l'inquiétude qu'ils suscitèrent, nourrirent en moi beaucoup d'interrogations.

Il y avait, dans notre maison, plusieurs seaux en métal gris ou émaillés. Chacun avait un usage bien précis et il ne fallait surtout pas utiliser l'un pour l'usage dévolu à un autre.

Il y avait un seau blanc, appelé « seau hygiénique », avec un couvercle tout cabossé, réservé aux besoins de la nuit. Seau que nous devions aller vider dans les cabinets à la turque situés dans le jardin. Que nous devions nettoyer à la pompe située à proximité et replacer derrière un rideau, dans un petit cagibi, pour le tenir à disposition de celui qui allait l'utiliser après nous. Cette règle immuable était respectée par chacun. Mon angoisse était que l'on puisse entendre les bruits de mon corps au moment des gros besoins et même le son du pipi contre les parois du seau. Je devais faire preuve d'ingéniosité et de souplesse – pour ne pas dire d'habiles contorsions – afin que rien ne soit entendu, ni par mes parents ni par mon frère !

Et puis, il y avait aussi un seau émaillé bleu qui, masqué sous l'évier par une mini-tenture, m'intriguait davantage. Il était fermé par un couvercle difficile à ouvrir et, certains jours, je voyais dedans du linge taché par des traces de sang qui trempait dans une eau trouble et rougie. Ensuite, durant plusieurs semaines, le seau était retourné, tête en bas, le couvercle simplement posé sur le fond, sans aucune autre utilité. Mais il était interdit d'y toucher ou de l'utiliser pour quoi que que soit d'autre, jusqu'à ce qu'il reprenne sa position avec le couvercle dessus et ses linges sanglants, dont je ne parvenais pas à deviner l'origine !

À SEPT ANS, j'ai été très troublé par Michelle, qui avait le même âge que moi. Elle habitait l'étage au-dessus et elle me promettait les jours où je lui en faisais la demande (c'est-à-dire tous les jours !) que le jeudi suivant nous pourrions « jouer ensemble ». « Jouer ensemble » voulait dire (du moins dans mon esprit) qu'elle accepterait de me montrer ce qu'elle avait sous la jupe et plus précisément sous sa culotte blanche (que j'avais entrevue, comme un éclair, quand elle jouait sur sa balançoire).

Mais quand le jeudi tant espéré arrivait, il y avait toujours un empêchement, un obstacle majeur qui s'interposait, comme des soins chez le dentiste (imprévisibles), des consultations chez l'orthopédiste (fréquentes), des visites chez différents spécialistes (ils étaient innombrables, avec des noms barbares), des séjours indispensables chez le coiffeur (aux quatre coins de la ville).

Ce qui me laissait chaque fois perplexe, mais jamais découragé, c'est que Michelle ne m'a jamais dit non, n'a jamais rejeté aucune de mes demandes ; c'est leur réalisation qui butait sur un mur invisible d'obstacles divers, inattendus, répétitifs.

Ainsi, durant toute cette année scolaire (qui fut encore plus catastrophique pour moi que les années précédentes, tous mes centres d'intérêt étant monopolisés par la perspective du jeudi), je n'ai jamais pu découvrir cette part de mystère qui n'existe que chez les filles et qui me fascinait avec une passion qui, aujourd'hui encore, reste toujours vivace.

ET PUIS, en 1942, les Allemands, franchissant la ligne de démarcation, arrivèrent à Toulouse. Nous avons vu défiler, dans un grand silence, sur les allées Charles-de-Fitte, une longue file de camions gris, emplis de soldats immobiles, le fusil entre les jambes, le regard fixe. De même que tous les habitants du quartier, nous regardions à travers les interstices des volets fermés l'apparition concrète de l'ennemi, des « boches », comme on les appelait.

Quelques jours plus tard, trois hommes en manteau de

cuir entrèrent sans frapper dans la classe. Il fut demandé à tous les garçons (l'école n'était pas mixte) de s'aligner contre le mur, de baisser leur culotte et leur slip. Deux hommes se penchèrent sur chacun, l'un après l'autre, écartant nos mains qui tentaient de cacher une intimité fragile et précieuse. Le deuxième vérifiant ce qu'avait vu le premier, lequel s'écria soudain, avec une voix triomphante, en me saisissant d'une seule main et m'élevant au-dessus de tous : « J'en tiens un ! » Le maître d'école, ancien combattant, blessé à la guerre de 14, s'avança aussitôt, canne levée, et annonça de façon très péremptoire (j'appris plus tard qu'il n'en savait strictement rien) : « C'est un catholique, il est baptisé. » L'homme qui était resté près de la porte demanda : « Avant 1940 ou après ?

– Avant, avant ! » affirma l'instituteur.

Nous dûmes, ma mère et moi, nous présenter dès le lendemain à la Kommandantur, pour montrer le fameux certificat de baptême (recopié en toute hâte à neuf heures du soir par le vicaire de la paroisse). J'avais été effectivement baptisé, mais ayant eu un phimosis, j'avais été circoncis. D'où la joie, trop tôt frustrée, du monsieur au manteau de cuir noir. Ce n'est que beaucoup plus tard que j'ai réalisé ce à quoi j'avais échappé, grâce à M. Fournier, l'instituteur à la canne.

J'AVAIS déjà neuf ans et nous avions décidé, avec trois copains de la garderie, de réunir nos économies et d'acheter le maximum de pétards (heureusement que nos économies étaient modestes), en vue de les dépiauter pour en faire un tas de poudre. En anticipant, plusieurs jours à l'avance, le plaisir de faire exploser le tout d'un seul coup.

Cet après-midi-là, le plus inconscient des quatre (moi) se chargea d'allumer un morceau de journal, de s'approcher, de se pencher et de le jeter sur la poudre. L'explosion fut si violente qu'elle me rejeta en arrière sur deux ou trois mètres, aveuglé par la douleur, le visage noir qui déjà se crevassait. Mes copains, affolés, me traînèrent près d'une fontaine et m'arrosèrent à grande eau. Sachant que c'est bien avec de l'eau qu'on peut éteindre un feu, mais ignorant qu'on peut, avec la même eau, attiser les brûlures et les transformer en cloques purulentes !

Le médecin, appelé en hâte, diagnostiqua : « Brûlure au troisième degré, hospitalisation immédiate. » Mais ma mère, prévenue, refusa de me laisser emmener, préférant me soigner à la maison, plutôt que de me confier aux mains des « ennemis de la France ». J'appris plus tard qu'elle avait entendu dire que « les Allemands torturaient au troisième degré les gars du maquis qu'ils capturaient et plus particulièrement les blessés… ». La confusion qu'elle avait faite sur l'expression « troisième degré » expliqua qu'elle n'ait pu confier son enfant à des bourreaux !

Le pouvoir des mères est inouï. Michel Schneider, dans son ouvrage intitulé *Maman*, nous le rappelle : « Le pouvoir des mères se passe du savoir, des méthodes et des théories. Il se fonde sur un autre savoir, celui du corps, à travers les thèmes du désir et de la nuit, de la maladie et de la médecine. »

La mienne fit appel à ses saints habituels et surtout au plus fiable d'entre eux (le patron des causes désespérées), qui l'entendit puisque deux mois plus tard j'étais guéri, avec une peau aussi douce que celle d'un bébé de six mois. Je fus toujours considéré par elle comme un miraculé. Puis-je dire que ce n'est pas facile de vivre dans un quartier populaire où l'on est reconnu comme « miraculé » ? Je dus payer très cher cet honneur, car tous les petits caïds du quartier et même des quartiers avoisinants voulurent vérifier la résistance d'un miraculé aux ricanements, aux plaisanteries salaces, aux coups de poing et de pied et autres maltraitances inventées pour l'occasion !

AVANT CET ACCIDENT, il y eut l'année de Marion. C'est au catéchisme que je l'ai vue la première fois et aimée, pendant les répétitions pour la « communion privée », comme on disait à cette époque. Nous nous aimions sans jamais avoir échangé un seul mot, nous nous aimions avec les yeux, sans condition ni réserve. Je veux dire que j'ai éprouvé un amour rare, absolu pour cette petite fille silencieuse, souriante et que je voyais gentille et généreuse. Nous n'avons jamais éprouvé le besoin de nous parler, nous regarder suffisait amplement.

Quand elle me regardait, je détournais mon regard, mais je sentais bien ses yeux déposés sur mon visage comme une caresse. Quand je la regardais à mon tour, son regard restait fixé droit devant elle, mais je savais qu'elle percevait bien combien je l'observais. Je la buvais des yeux, m'attachant à capter le moindre signe sur son visage, l'ombre d'une paupière palpitante, le lobe de son oreille, le début d'un sourire. Rien d'autre n'existait à côté d'elle, elle absorbait ou au contraire ouvrait, je ne sais comment le dire, un espace autour de son corps qui m'était réservé, à moi seul.

Le dimanche matin, pour aller à la messe, je sortais largement à l'avance, guettant, de l'autre côté de la rue, son arrivée. Je marchais derrière elle, légèrement décalé sur la gauche pour pouvoir regarder son profil, la torsade de ses cheveux blonds, la douceur de son cou, les mouvements de son dos. Arrivé à l'église Saint-Nicolas, j'attendais qu'elle se place. Si elle s'installait au troisième rang, quatrième place, je me plaçais dans l'exacte symétrie sur le banc des garçons (les filles à droite, les garçons à gauche). Qu'importe si un autre garçon prétendait vouloir la même place ! Je devais manifester à ce moment-là une telle détermination que jamais aucun, petit ou grand, ne me contesta la place que je convoitais. Le moment le plus sublime c'était lorsque, notre tour de communier étant venu, nous nous levions, allions à la rencontre l'un de l'autre sur l'allée centrale, marchions quelques pas côte à côte pour avancer ensemble vers la table sainte. Je devais planer à cinquante centimètres au-dessus du sol, empli de vibrations, d'émois et d'une qualité d'être que je n'ai jamais retrouvée par la suite.

Puis elle déménagea sans prévenir, elle disparut de ma vie d'un seul coup, sans qu'aucun signe m'ait alerté. Soudain les rues, la vie, l'église furent vides, sans plus aucun attrait pour moi. Ma foi en un Dieu qui avait été capable de ne pas intervenir, incapable d'empêcher son départ, de retenir ses parents dans la même ville que moi, de nous garder ensemble l'un proche de l'autre, ma foi s'épuisa, disparut donc, se délita. Je devins un païen, un agnostique, un non-croyant invétéré.

J'avais obtenu cette année-là quelques résultats scolaires qui avaient étonné tout autant l'instituteur que mes parents. Après son départ, je replongeai dans ma cancritude et je m'évadai à nouveau loin des ombres sans intérêt qui m'entouraient, dans des pensées tourbillonnantes et rageuses, des voyages en des pays inventés auxquels je donnais une réalité convaincante. Le vrai inventé, je connaissais cela depuis fort longtemps.

≈

« L'enfance est hors du temps,
c'est une utopie du temps,
une uchronie,

Les mystères de l'enfance

ou encore c'est un âge
non au sens physiologique
mais au sens mythique du terme. »

Roland Barthes

Les mystérieuses souffrances d'une enfance qui se cherche

BEAUCOUP d'émerveillements, de plaisirs, de découvertes magiques traversent la vie d'un enfant. Mais qui saura entendre, reconnaître ou apaiser les souffrances subtiles ou violentes qui circulent dans sa vie ? Souffrances imposées le plus souvent, choisies parfois, nécessaires quelquefois.

Je ne savais pas les différencier, les miennes me semblaient m'atteindre avec la plus grande des injustices.

Je veux parler des souffrances intimes, pas des souffrances physiques qui ne sont jamais durables, mais de celles qui surgissent toujours de façon inopinée, imprévisible. Des souffrances insupportables qui font si mal qu'on ne peut même pas penser, respirer ou simplement voir ce qui nous entoure. Des souffrances aveugles, noires, qui nous immobilisent, nous barrent le chemin, nous empêchent d'être, des souffrances forteresses qui nous enferment longtemps sans qu'on puisse les nommer.

Il n'y a pas de mots pour le dire et, de toute façon, le sentiment profondément ancré en moi est qu'il serait vain et surtout risqué d'en parler, car les autres pourraient s'en emparer, appuyer un peu plus dessus, ajouter encore plus de mal-être à la souffrance existante.

Ces souffrances partent toutes d'un ressenti, d'une sensation non maîtrisable qui nous broie l'esprit, le déloge de sa quiétude, le déchire. Elles surviennent à la suite d'une rencontre, un échange, une interaction avec un adulte significatif, papa, maman, un professeur, un amour, un proche, quelqu'un en qui nous avions déposé notre confiance, sur qui nous pouvions compter et qui soudain se dérobe, n'entend pas, ne peut pas répondre ou s'ajuster à notre besoin ou désir dans un moment crucial pour nous.

AUJOURD'HUI, je n'ai plus besoin de traquer les souffrances de mes enfances ou de lutter contre elles. Je sais qu'elles ont été présentes, torturant mon corps sans répit, du moins je le vivais ainsi.

Je me souviens surtout des mots que je me disais à l'intérieur : « Maman, j'ai mal, maman, j'ai soif, maman, j'ai froid, maman, j'ai faim, maman, je n'en peux plus, maman, pourquoi c'est pas juste… » J'appelais silencieusement, de toutes mes forces, la vie pour qu'elle vienne à mon secours. J'appelais ma mère, car j'imaginais que c'était elle qui aurait dû détenir les solutions, les remèdes, la paix, la fin du malheur, sans bien sûr que je puisse me résoudre à vouloir la déranger. Pressentant que ce faisant, je ne pourrais qu'ajouter mes souffrances aux siennes.

Et cependant je ne me sentais pas malheureux. Être malheureux, c'est se plaindre, tenter de faire pitié, implorer l'autre pour qu'il cesse de nous faire mal.

Je n'étais donc pas malheureux, je vivais dans le mal-être, avec le sentiment diffus mais très puissant de ne pas être à ma place, de m'être trompé de vie. Avec parfois une nostalgie ardente, féroce, qui envahissait l'espace de mes pensées, celle d'avoir perdu, d'être passé à côté, à un moment donné de ma vie, d'un monde qui m'aurait reçu, accueilli, reconnu.

Je crois que j'étais prêt à quitter ce monde, je veux dire ce quartier, l'école, mes multiples vies. Je devais être au bord de l'épuisement, au-delà du désespoir.

≈

« Je cherche le sol primitif.
Une trace d'avant le vacillement du monde. »

FLORENCE NOIVILLE

Le goût du désir…

« Mais où étais-tu ?

– Je ne sais pas…

– Comment, tu ne sais pas ? Tu étais bien quelque part ?

– C'est où, quelque part ?

– Écoute, tu es parti pendant trois jours. Tes parents nous ont dit qu'on ne t'avait pas vu durant trois jours et trois nuits, ce n'est pas normal ! Un enfant de huit ans ne disparaît pas comme cela dans la nature. Tu es bien allé quelque part ?

– …

– Tu as rencontré quelqu'un ? »

Oui, j'avais bel et bien rencontré quelqu'un, mais cela, je ne pouvais pas le dire, jamais. Cela m'appartenait, à moi seul. D'ailleurs ils ne m'auraient pas cru. Et puis ce secret était trop beau, trop irréel pour être déposé comme cela au bord du trottoir où ils m'interrogeaient.

« Et la nuit, tu n'es pas resté dehors quand même, tu n'as pas dormi dans la rue, tu as dû trouver une maison chez les parents d'un copain, chez une dame, un monsieur ? Tu t'es caché où ?

– Je ne sais pas...

– Mais enfin c'est insensé, tu ne peux pas ne pas savoir ! On sait où on est quand on est vivant ! »

Autour de moi, au-dessus de ma tête, ils étaient plusieurs, des adultes impatients, avides ou inquiets. J'entendais leurs commentaires murmurés à mi-voix, sur un ton un peu triste, dubitatif : « Peut-être qu'il est devenu amnésique, peut-être qu'il a reçu un coup sur la tête, ou alors c'est quelqu'un qui lui a défendu de parler, il a été enlevé, il faudrait le faire examiner, cet enfant ment comme tous les enfants, il a peur de dire la vérité, il faudrait lui dire qu'il ne sera pas puni s'il avoue, ses parents le forceront bien à parler, avec moi il y a longtemps qu'il aurait craché le morceau, je vous le dis, mais les parents d'aujourd'hui, on peut pas compter sur eux... »

« Qui t'a défendu de parler, dis-le-moi !

– Personne.

– Comment, personne ? Il y a bien quelqu'un qui t'a dit de ne pas parler ! Puisque tu ne veux rien dire, nous, on peut tout imaginer et surtout le pire. Et le pire, on sait ce que c'est avec tous les tordus qui circulent ! Dis-nous ce qu'on t'a forcé à faire, il faut parler, tu as confiance en nous quand même, tu nous connais ! On t'aime bien, on t'a vu tout petit... »

Mais à la grimace qu'il faisait, ce bonhomme, en disant cela, je ne me sentais pas aimé du tout par lui.

Non, je n'avais confiance en personne. Je ne pouvais pas dire la moitié, le quart ou le dixième de la moitié de ce qu'ils pouvaient imaginer.

ILS ÉTAIENT dix au moins à m'entourer, à me presser, à m'oppresser, malgré la protection des bras de ma mère, qui me tenait tout contre elle, en pleurant silencieusement de joie de m'avoir retrouvé. Elle savait, elle, qu'il ne fallait pas me poser de questions. Que les questions m'enfermaient et surtout me refermaient sur des pensées connues de moi seul.

Des voisins et même des inconnus, impatients de me déloger de mon silence et surtout de mon refus de parler, s'interpellaient, posaient des questions qui se bousculaient, se chevauchaient mécaniquement sans aucun lien entre elles. Des questions et des affirmations mélangées à de la fausse sollicitude, à de la réprobation, à un soupçon d'accusation (« Quand même, un enfant de huit ans ne disparaît pas durant trois jours sans qu'il y ait eu quelque chose de grave ! »), des interrogations qui s'adressaient aussi à ma mère : « Vous êtes la mère, vous devez savoir, il faut l'obliger à parler… »

Je la sentais respirer tout contre moi, m'offrant son souffle pour me ramener à la vie. Je voyais ses lèvres bouger doucement, elle se parlait doucement tout à l'intérieur et elle devait certainement remercier avec ferveur son saint préféré, qui lui avait ramené son fils adoré.

J'espérais qu'il n'était pas rancunier, ce saint, parce qu'il devait bien savoir que c'était moi qui durant des années avais pillé régulièrement son tronc, tous les jeudis, après le catéchisme !

Comment pouvais-je leur dire qu'au départ, j'avais eu besoin de désobéir, que je ne voulais plus être obéissant à quoi que ce soit, à qui que ce soit. Un besoin urgent qui avait surgi en moi, exactement au début de la semaine, le lundi après-midi, après l'école, sur le chemin qui me ramenait à la maison. Un besoin brutal, évident, nécessaire. J'en avais assez d'essayer de paraître gentil, docile, de laisser croire à mes parents, à ma mère surtout, que j'étais d'accord, que j'approuvais tout ce qu'on faisait pour moi et aussi contre moi.

Alors ce n'était pas aujourd'hui, juste quatre jours et demi après le début de ma fugue, que j'allais recommencer à leur obéir, à être encore plus gentil en répondant à des questions qui ne voulaient rien dire. Bon, d'accord, pour elle, pour ma mère, j'aurais accepté de dire un peu, mais il y avait tous les autres qui voulaient savoir à tout prix et qui avaient mauvaise haleine.

J'avais remarqué depuis longtemps que beaucoup d'adultes sentaient mauvais. Sauf ma mère. Elle, je la sentais vibrante et chaude dans mon dos, se réfugiant et en même temps se consolidant dans son silence, tout en m'enveloppant de ses deux bras, des fois qu'il me viendrait à l'idée de repartir, de m'évader à nouveau. Je sentais dans mon cou l'humidité douce de ses larmes qui descendaient de ses joues et que je voyais quand je relevais la tête glisser de son menton, tomber sur mes cheveux ou sur mon front.

J'étais fatigué, j'étais redevenu le « petit Jacky, le fils de la Marie-Louise ». « C'est lui, vous savez, celui qu'on recherchait depuis mardi et nous sommes déjà vendredi ! Il est revenu tout seul, on ne sait comment. Il est là et il ne veut rien nous dire, c'est pas croyable ! Les enfants d'aujourd'hui, on n'en fait plus ce que l'on veut ! Il était pourtant gentil et propre sur lui. Un enfant sans père quand même… Faut quand même pas exagérer, il a un père, je le connais son beau-père, et je sais qu'il s'occupe bien de lui, il ne manque de rien, je peux vous l'assurer ! Je crois d'ailleurs que le deuxième enfant est du beau-père, il est comme dans une vraie famille… Enfin, s'il mange tous les jours, c'est grâce à cet homme tout de même ! Le petit Jacky, c'est son premier à Marie-Louise, un amour de jeunesse… »

J'étais un « amour de jeunesse ». Comment le savaient-ils ? Je me refermais encore plus. Ils n'avaient pas le droit de parler de moi comme ça. Ils ne savaient même pas ce qu'est l'amour à dix-huit ans et à quinze ans. C'était notre histoire à ma mère et à moi, à nous seuls, puisque Pierre, mon géniteur, avait disparu. Oui, elle m'avait dit qu'elle avait dix-huit ans quand elle me portait dans son ventre et que Pierre mon père (comme elle disait, alors qu'il n'était que mon géniteur), lui, avait quinze ans quand ils avaient fait l'amour pour la première fois. « On était si jeunes… »

Et ensuite « après les trois fois, pas plus, quand il a vu que j'étais enceinte, là il est parti ». À cet endroit du récit, ma mère pleurait toujours. Pas de tristesse mais au souvenir de tout le bon partagé, puis elle se reprenait, l'excusait : « Ce n'est pas de sa faute, de toute façon sa mère à lui, elle s'appelait Élise, ne voulait pas qu'il s'attache à une fille comme moi, une fille de l'Assistance publique… » Plus tard, elle avait rencontré Saturnin, le père de mon frère. « Pour pouvoir t'élever convenablement et puis essayer d'être heureuse quand même, un peu ! Parce que le bonheur, il est pour tous. On peut y avoir droit même quand on est malheureux ! »

Pour l'instant elle était près de moi, m'accueillant, m'acceptant inconditionnellement, sans avoir besoin de comprendre ce qui s'était passé, le pourquoi de ma fugue, de mon absence durant quatre jours, de mon retour miraculeux. Elle disait, dans les grandes occasions favorables ou moins heureuses : « Dieu l'a voulu. S'il l'a voulu, c'est que cela devait être comme ça. »

L'ÉCOLE ne me plaisait pas tous les jours. Pourtant j'aimais y aller au moins pour les copains, pour les histoires que je leur racontais. Pour Bébert surtout, mon seul vrai ami. Avec lui, l'école était toujours une aventure. Bébert riait de tout. Enfin presque de tout.

Mais je n'aimais pas la classe et surtout les questions du maître qui faisait exprès de m'interroger, alors qu'il savait très bien que je ne saurais répondre. Il aurait pu me laisser tranquille, je ne le gênais pas. Avec lui, je devais toujours savoir ce que je ne savais pas et il insistait. Par contre, jamais il ne me posait de questions sur les choses que je savais, et pourtant j'en savais des trucs !

En plus, cette année-là, le grand Juste était tombé malade et Junot est arrivé. Il venait du nord, était plus fort que moi et vraiment méchant. Junot aimait faire mal. Pas seulement se bagarrer comme nous tous, jouer à se provoquer, s'affronter, se filer des « torgnoles », non, lui, ce qu'il voulait, c'était nous humilier, nous abaisser, nous obliger à lui demander pardon. C'était son jeu favori : nous obliger à lui demander pardon, à n'importe quelle occasion !

« Toi, tu vas commencer par t'excuser et dire que tu regrettes, que tu me demandes pardon…

– Que je regrette quoi ?

– De m'avoir regardé avec ton regard pourri !

– Mais j'ai le droit de regarder tout le monde, et d'abord mon regard, il est pas pourri !

– Tu as peut-être le droit de regarder tout le monde mais tu n'as pas le droit de me regarder moi. C'est à moi, à moi seul de te dire quand tu peux me regarder. Quand tu sais que je suis là, que je vais arriver, tu dois commencer par baisser les yeux… Sinon je t'écrase comme une mouche à merde. »

Junot était devenu ma hantise, un cauchemar ambulant, au quotidien. Je le rencontrais sans arrêt, sur le chemin de l'école, dans la cour de récréation, sous le préau, près des WC, partout. Il était devenu en ce début d'année scolaire la terreur de l'école, même ceux de la classe du certificat d'études le craignaient. Il n'hésitait jamais à se bagarrer, frappait le premier et fort, appliquant là une règle bien connue de notre quartier. Mais lui, en plus, il frappait sans s'arrêter, jusqu'à ce qu'on soit à terre, démoli. Il ne se contentait pas de faire mal, il voulait nous humilier, nous écraser.

« Toi, en plus, me disait-il avec l'approbation soumise des autres, t'es un merdeux, tu pues. On ne doit pas se laver souvent chez toi !

– Si, on se lave tous les samedis en grand et…

– Ah oui ? Regardez-le, ce puant, il se lave seulement le samedi, les autres jours, tu fais quoi ?

– Je me lave les mains, le cou et je me peigne.

– Les mains, pas la figure et tout le reste, alors comment tu le laves, ton zizi ? Il doit sentir le moisi, ma parole ! Tu vois que j'ai raison, tu n'as pas le droit de me regarder. En me regardant, tu me salis. »

En partant, c'est aussi Junot que j'avais fui.

Quelqu'un qui sentait l'eau de Cologne s'est penché sur moi.

« Mais tu dormais où ?

– Dans un lit…

– Dans un lit, mais comment il était, ce lit ?

– Avec des draps rouges… »

J'en avais trop dit, c'est à cet instant que j'ai décidé de ne plus jamais répondre aux questions qu'on me poserait.

Jamais. Ma situation scolaire n'allait pas s'améliorer, car la spécialité des enseignants de l'époque était justement de poser des questions et en plus d'attendre des réponses !

« Marie-Louise, il faudrait que vous alliez au commissariat, pour les avertir qu'on a retrouvé votre fils.

– Vous croyez vraiment que c'est nécessaire ?

– Bien sûr, comme ça ils vont arrêter les recherches...

– Alors tu ne veux pas nous dire où tu étais ? La police va te le demander et avec eux, tu verras, tu seras bien obligé de parler. Les poulets, ils ont les moyens de faire parler un têtu comme toi !

– ... »

Nous ne sommes jamais allés à la police, car ma mère avait refusé dès le premier jour de ma fugue de déclarer mon absence. « C'est une fugue », disait-on autour d'elle. « Ce n'est pas une fugue, s'obstinait-elle, il a eu simplement besoin de partir. Il va revenir, répétait-elle sans cesse à ceux qui la pressaient, je suis sûre qu'il va revenir, il a seulement eu besoin de s'éloigner de la maison, c'est un besoin normal chez les enfants... »

QUATRE JOURS auparavant, en quittant la maison pour aller à l'école, j'avais laissé mon cartable dans l'appentis du charbonnier, notre voisin immédiat. Je l'avais caché derrière quelques sacs de boulets d'anthracite. Le charbon qu'il vendait était soit en vrac et livré à la pelle, soit en boulets noirs et brillants, transportés dans des sacs de jute rêche avec lesquels j'avais souvent joué à sauter, les deux pieds dedans en tenant les bords à la taille, à sauter le plus loin possible. Le record était détenu par Bébert, bien sûr, lui seul avait l'agilité nécessaire, la volonté de gagner et la ténacité indispensable. Il savait transformer le moindre jeu en épreuve : « Faut pas se laisser faire, faut apprendre à gagner, faut aller jusqu'au bout, sinon t'es cuit ! » Il riait de son jeu de mots favori : « Si t'es cuit, tu n'es pas cru ! »

J'avais gardé mon manteau bleu et emporté le sac de marin, en toile grise, que mon beau-père, un soir qu'il avait bu, m'avait donné. Le lendemain, à jeun, j'avais bien vu qu'il le regrettait : « Mais quand c'est donné, c'est donné ! » Parfois, il faisait semblant d'oublier, avec la tentation de le reprendre, de le garder encore un peu pour lui. « C'est à toi », me disait-il en retenant encore le sac par le fond, avant de le lâcher avec un soupir.

Dedans j'avais mis *Les Pardaillan*, un album de *Tarzan*, un des *Pieds Nickelés*, une lampe de poche, trois pommes et mon manteau d'hiver.

En sortant de l'appentis, j'avais tourné à droite et non à gauche comme d'habitude et, pour la première fois de ma vie, je m'étais engagé sur le pont Saint-Michel. Avec ma mère, les rares fois où nous devions nous rendre en ville, nous prenions le pont Saint-Pierre, jamais le pont Saint-Michel, qui était moins fiable car « on le sentait bouger quand on marchait dessus ! » affirmaient tous les habitants du quartier du Fer-à-Cheval.

Le vent d'autan, qui habituellement soufflait fort, semblait plus calme ce matin-là, mais il pouvait se réveiller quand je serais au beau milieu du pont et alors… Alors il était capable de m'emporter comme une feuille de papier, de me soulever et de me jeter dans le fleuve noir. Mais j'avais un but, je voulais aller sur l'île du Bazacle.

L'été précédent j'avais remarqué, en jouant au bord de la prairie des Filtres, qu'un des piliers du pont Saint-Michel reposait sur cette île et j'avais imaginé que je pourrais peut-être descendre le long de ce pilier en métal, pour accéder à l'île et m'y cacher. Il y avait effectivement un petit escalier de fer, derrière un semblant de grillage, qui descendait sur la terre sableuse et douce de l'île. Le grillage fut facile à franchir, il manquait quelques barreaux à l'échelle, mais ce détail ne me gêna pas pour poser mes pieds sur cette terre inconnue. La végétation poussait très serrée ; un sentier très étroit, formant un tunnel recouvert de branches et de lierre, se perdait devant moi.

Tout au bout, sur la partie sud de l'île, j'ai découvert une maisonnette, très basse, sur des pilotis de béton qui l'isolaient du sol. Entourée de grands saules, d'immenses roseaux et de plantes dont je ne connaissais pas le nom, elle était quasi invisible du pont. Le pourtour était dégagé, avec du linge, quelques chemises, des draps qui séchaient sur une corde tendue entre deux troncs.

C'ÉTAIT une vraie maison, avec un toit en pente, une seule porte et quatre fenêtres, deux au levant et deux au couchant. J'en fis lentement le tour, sans apercevoir qui que ce soit. Il faisait chaud. Je sentais le vent glisser au-dessus des arbres, faisant chuchoter les feuilles. L'endroit était calme, bon, rassurant, immobile, protégé par l'eau toute proche qui clapotait doucement.

J'ai posé mon sac contre la porte, je me suis assis, le dos bien calé et, sans le savoir, sans le vouloir, je me suis endormi. Je rêvais que j'étais prisonnier dans une tour, une tour de château fort, et je savais que Pardaillan et son fils allaient venir me délivrer à grands coups d'épée. D'ailleurs je les entendais tout proches qui m'appelaient, je voulais me soulever et leur crier que j'étais là. Quand mon corps a basculé d'un seul coup. J'étais toujours dans mon rêve et je criais : « Ce n'est pas moi, ce n'est pas moi ! »

Durant toute mon enfance, j'avais été accusé d'une foultitude de faits, aussi j'avais pris l'habitude de toujours me défendre, par anticipation : « Ce n'est pas moi, ce n'est pas moi ! », ce qui la plupart du temps déclenchait une accusation supplémentaire : « Menteur ! » Ce n'était pas moi, mais il semblait que pour la plupart des adultes qui m'entouraient, ce devait être par évidence moi ! Pour eux, sans hésitation, c'était moi puisque j'étais là ! J'étais là avec une tête, un visage, une expression qui me trahissaient, qui disaient que je n'avais pas la conscience tranquille, que je devais cacher quelque chose…

J'ai entendu une voix claire me dire : « Bien sûr que ce n'est pas toi, puisque c'est moi ! » Il y avait au-dessus de moi les bords d'une jupe avec des bouts de laine qui flottaient et plus loin encore, tout en haut, le visage d'une petite fille blonde. Blonde comme Jeanne d'Arc, ai-je pensé aussitôt. La main posée sur le chambranle de la porte qu'elle tenait ouverte, elle me regardait avec une sorte de ravissement qui m'inquiéta. Elle m'enjamba, j'eus le temps d'apercevoir un éclair blanc entre ses jambes et elle s'assit tout près de moi.

Elle me regarda longuement, avec une gravité douce et bienveillante, jaugeant mes réactions possibles. Je sentais qu'elle savait que je n'avais pas fait de bêtise, donc que ce n'était pas moi, pour une fois, qu'il fallait accuser.

« Tu es venu par le pont ?

– Oui.

– En passant sous le grillage ?

– Euh…

– T'as bien fait. »

Pour une fois dans ma vie, j'avais bien fait !

« Je m'appelle Lisa, et toi ?

– Jacques, mais on m'appelle Jacky.

– Je préfère Jacques…

– …

– Mon grand-père est mort, mais il ne faut pas le dire.

– Il ne faut pas le dire à qui ?

– À personne, sinon ils vont venir le prendre.

– …

– Pour l'emmener au cimetière, chez les morts. Et là, il sera vraiment mort !

– …

– Tu veux le voir ?

– Oui… un peu. »

Je ne savais pas si je voulais vraiment le voir, mais je désirais lui faire plaisir. Je n'avais jamais vu de mort. Jusqu'alors je croyais que lorsqu'on était mort, on disparaissait soudain, on se volatilisait. Pfut… et puis plus rien ! Que les morts partaient ainsi pour laisser la place à ceux qui arrivaient, qui venaient au monde.

« Viens avec moi, tu ne dois pas avoir peur. »

Je n'avais pas peur… Si, en fait j'avais peur, mais pas du mort. Peur de ce remue-ménage, du côté de mon cœur, que je sentais s'agiter en moi.

« Tu sais, je connais bien mon grand-père, il n'a jamais été méchant, même mort il sera gentil parce que tu es avec moi. »

Elle me prit la main et c'est de cette façon que je suis entré dans la maison de l'île où j'ai vécu trois jours et surtout trois nuits.

LE COULOIR était sombre mais j'ai bien vu les quatre portes. La chambre du grand-père était au fond à droite. Je me tenais sur le seuil, n'osant entrer. Un tout petit peu de jour se glissait entre les volets fermés.

« Ici, c'est ma chambre », me dit Lisa en me montrant la porte d'en face.

Un très vieux bonhomme était couché sur un lit, un

drap jusqu'à la taille. Il avait les yeux grands ouverts, mais son regard était loin, très loin, tourné vers le dedans, et en même temps j'avais l'impression qu'il regardait au-delà, plus haut que le plafond, derrière les nuages du ciel, qu'il voyait un lieu inaccessible, dépouillé de toute attente et de tout désir, mais aussi de toute souffrance. Avec ses deux bras le long du corps, il paraissait confiant, serein.

« Il est mort dimanche soir ou peut-être dans la nuit en dormant. »

Et nous étions mardi.

« Dimanche soir, il s'est couché tout habillé en me disant : "Je vais me reposer un peu, viens me chercher quand le repas sera prêt, je n'ai pas faim mais je mangerai près de toi." Il a dit ça : "Je n'ai pas faim mais je mangerai près de toi." Quand je suis venue l'avertir, j'ai cru qu'il dormait, alors comme il m'avait dit qu'il n'avait pas faim, je l'ai laissé se reposer et j'ai dîné seule. Je suis habituée. Hier matin, quand je suis allée le voir, il dormait toujours. Mais quand je me suis penchée pour l'embrasser, pour lui dire : "Grand-père il fait jour", j'ai bien vu qu'il était mort parce qu'il était tout froid et qu'il ne m'a pas serrée dans ses bras. Il me prenait toujours dans ses bras quand je le réveillais. C'est moi la première debout dans cette maison ! Ce n'est pas comme quand j'étais petite, là il s'occupait de tout. »

Elle parlait avec une évidence calme, mais je sentais sa voix au bord d'un gouffre d'interrogations et d'inquiétudes, et déjà j'étais prêt à la protéger, à donner ma vie pour elle.

« C'est toi qui prenais soin de ton grand-père ?

– Oui, il avait besoin de moi, un peu seulement, parce qu'il était très vieux. Depuis que ma mère est partie, il prenait soin de moi et moi de lui.

– Elle est partie où, ta mère ?

– Je ne sais pas, loin certainement, car elle n'est plus revenue. Grand-père disait toujours : "Ta mère, il faut la laisser partir parce qu'elle a besoin de se chercher, et comme elle n'est pas prête de se trouver, ça peut durer longtemps..."

– Durer longtemps, des fois, c'est pour toujours, hasardai-je, comme si j'avais une grande expérience des "longtemps" et des "toujours".

– Maintenant que tu es là, je ne serai plus seule. Enfin, je ne serai plus seule si tu restes avec moi...

– Je veux bien rester avec toi.

– Pour toujours ?

– Oui, toujours.

– Pour moi, précisa-t-elle, toujours c'est maintenant, demain et plein, plein de demains jusqu'à ce qu'on n'existe plus ! »

Je ne savais pas si je voulais entrer dans ce toujours-là jusqu'à ne plus exister, mais j'ai répété, très sérieusement, courageusement même :

« Oui, pour toujours.

– D'accord, alors toi et moi, c'est pour toujours !

– Oui, pour toujours. »

Dans mon esprit, « pour toujours », cela voulait dire tant que je serais bien, tant que je pourrais me sentir libre, de dire, de ne pas dire, de faire, de ne pas faire. Je sentais que c'était quand même un engagement qui risquait de me peser ou de me mettre en conflit. Comment s'engager et rester libre ?

« Viens, on va le laisser. Il faut fermer la porte, il n'a besoin de personne. Tu veux du café ?

– Non, de l'eau. »

Le café, chez nous, c'était pour les adultes ; les enfants, mon frère et moi, avions droit à une sorte d'ersatz de cacao ou de chicorée.

« Que de l'eau alors, dit-elle en faisant un geste vague en direction du couloir, j'en ai encore pour trois jours, ça ira. »

Elle me tira par la main et me montra la troisième porte.

« C'est une chambre vide. Tu pourras dormir là. En face, c'est la cuisine. Il reste encore du gaz dans la bonbonne, mais quand elle sera vide il faudra partir…

– Et ton grand-père ?

– Je le laisserai seul, il s'est toujours débrouillé tout seul. Il ne voulait jamais être dérangé.

– Et nous ?

– On partira aussi. »

Je n'osai pas demander où. Tout allait trop vite, sans aucune résistance, dans une direction que seule Lisa semblait connaître.

DURANT tout mon séjour sur l'île, elle me parla de son grand-père comme s'il était toujours vivant. Comme s'il était capable d'aller et de venir, de partir dans sa barque, de pêcher, de revenir, de vider le poisson, de le cuire et d'enlever les arêtes : « Pour que je mange tout ce qu'il met dans mon assiette. » Elle ne niait pas sa mort. Mais je sentais qu'il était surtout mort chaque fois que nous allions le voir dans la chambre. Dans ces moments-là, elle me tenait la main et je la sentais toute petite, plus fragile. Dans la pénombre des volets fermés, rien n'avait changé ; sur le lit, le grand-père paraissait dormir et son immobilité me rassurait. Il redevenait vivant seulement quand nous étions hors de la chambre.

Elle me raconta aussi qu'un été, son grand-père l'avait emmenée en vacances au bord de la mer. « On était à l'hôtel, à cette époque il avait de l'argent, on était libres d'aller où on voulait. Chaque matin grand-père s'installait sur la plage avec son fauteuil de toile. Il voulait regarder les jolies femmes en maillot de bain et surtout leur poitrine. Ça l'intéressait énormément, les poitrines des femmes. Moi, je le laissais faire, je préférais jouer avec des coquillages. Un matin, j'ai vu que le fauteuil s'était renversé avec grand-père dessous, le nez dans le sable. Il ne bougeait pas. Avec l'aide des grandes personnes on l'a relevé, il riait tout seul. Il avait du sable plein les yeux et dans sa bouche aussi, mais il riait. Le soir, en m'embrassant pour la nuit, il m'a dit : "Tu comprends, chaque fois qu'une femme passait, je me penchais pour regarder le plus longtemps possible sa poitrine... Je me suis trop penché sur la dernière, elle était superbe. C'est déjà pas juste d'être vieux, alors quand on est trop vieux, il n'y a plus de plaisirs possibles !" »

Tout à l'intérieur de moi, en écoutant Lisa, j'approuvais le grand-père, qui n'aimait pas être trop vieux et trouvait ce sort injuste !

Un peu plus tard, ce premier matin, Lisa me parla aussi du père de son grand-père, qui était rabbin.

« Tu sais ce que c'est un rabbin ?

– Non !

– Chez les juifs, c'est comme un curé, mais en plus vieux, avec une longue barbe et des cheveux avec des couettes. Il marie les gens, il dit des prières pour les morts, il connaît la Bible par cœur et il bouge toujours en lisant, d'avant en arrière, comme ça. On croit qu'il va tomber, mais il ne tombe jamais. Mon arrière-grand-père, il portait sur le front une petite boîte avec des trucs écrits qui étaient sacrés. Il était pas français, mon arrière-grand-père, il venait de Lituanie. C'est un pays plein de forêts, avec de la neige partout, tout à côté de la Russie. Les Russes ont toujours voulu que la Lituanie soit russe, mais mon arrière-grand-père, il ne voulait pas, c'est pour cela qu'ils sont venus en France. Dans son village, les femmes avaient le droit de se baigner toutes nues dans la rivière, une heure par jour, pour se purifier. Mais je crois qu'elles aimaient jouer ensemble à se jeter de l'eau. D'ailleurs mon grand-père m'a dit que son père aimait monter dans un arbre connu de lui seul pour voir les femmes se baigner nues. Mais de loin, juste pour le plaisir. C'est pour ça que mon grand-père, comme je te l'ai raconté, aimait regarder les femmes. Il me disait : "Même si elles sont habillées, j'ai un regard spécial, je les vois quand même toutes nues." Je suis sûre que c'est vrai », m'affirma Lisa.

Moi aussi, j'aurais bien voulu avoir un regard comme celui du grand-père de Lisa, sauf peut-être pour ma mère et pour Mme Boubila, qui était veuve et qui sentait le pipi de chat.

LE PREMIER JOUR, au repas de midi qu'elle a préparé en jetant des pâtes et des olives dans une casserole d'eau chaude, elle installa trois assiettes et fit trois parts. « Grand-père s'assoit ici, personne ne peut prendre sa place. La tienne est là, à côté de moi. »

Elle mangea une de mes pommes, en plaça une près de l'assiette du grand-père et me laissa dévorer la dernière.

Dans l'après-midi, je lui offris de feuilleter mon album de *Tarzan*.

« Non, je préfère te regarder.

– Tu veux lire *Pardaillan* ?

– Non, je préfère que tu me parles. »

Parler, je savais ; c'était me dire que je ne savais pas. Depuis que je savais parler, les rares tentatives que j'avais faites pour me dire s'étaient révélées catastrophiques. Chaque fois que je voulais dire quelque chose d'important, je ne me sentais pas entendu.

Ainsi, quand j'avais tenté de m'exprimer, de parler de mon premier chagrin d'amour : « Maman, je suis triste, parce que Marion ne veut plus me parler, elle m'a dit qu'elle ne m'aimait plus...

– Ce n'est pas grave : une de perdue, dix de retrouvées.

– Maman, je n'aime pas Mme Boubila, elle sent le pipi de chat et...

– Elle est gentille, Mme Boubila, il faut l'aimer parce qu'elle est seule depuis qu'elle a perdu son mari... »

Le plus difficile, ce fut quand j'avais voulu parler de mon frère, que je n'aimais pas puisqu'il avait pris ma place auprès d'elle et peut-être aussi dans son cœur.

« Maman, je voudrais que Loulou ne soit plus avec nous, qu'il soit ailleurs, dans une autre famille...

– Mais c'est ton frère, tu dois l'aimer, d'ailleurs lui, il t'adore.

– Moi, je ne l'aime pas, il prend trop de place depuis qu'il est là. Il pleure pour un rien et puis tu t'occupes trop souvent de lui...

– C'est ton frère, tu dois l'aimer, que tu le veuilles ou non !

– Maman, pourquoi on ne part pas tous les deux, rien que nous deux ?

– Partir, mais où, mon chéri ? Pour partir, il faut de l'argent ! »

« Il faut de l'argent. » Combien de fois ai-je entendu cette affirmation ? Et c'est vrai que l'argent manquait chez nous. Sitôt que la paie de mon beau-père arrivait, le samedi soir, elle était dépensée. Maman mettait des petites sommes dans des enveloppes et partait aussitôt payer nos dettes de la semaine. Le dimanche matin, il ne restait rien, en dehors de l'enveloppe du loyer et de l'électricité. On achetait tout à crédit. « Ils sont gentils de nous faire l'avance ! Quoique parfois je me demande s'ils ne rajoutent pas des trucs sur la note, mais on ne peut rien dire, il ne faut pas les froisser… »

APRÈS notre premier repas, le soleil brillait dehors, Lisa me prit la main et m'entraîna sous le pont.

« Je vais te montrer la cabane de l'Italien, tu verras, on sera bien. Quand grand-père est arrivé sur l'île, il y avait déjà un homme qui y vivait, un Italien qui occupait la cabane, il faisait des trucs en cuir. Il ne voulait pas dormir dans une maison. Ce jour-là, il a prononcé la seule phrase qui est jamais sortie de sa bouche, m'a raconté grand-père : "J'ai jamais reçu une goutte d'eau depuis que je vis ici." Grand-père m'a souvent dit que pendant des années, l'Italien ne lui a jamais rien dit d'autre. Ils se partageaient en silence une cigarette, ils se souriaient, c'est tout, et passaient les soirées à regarder dans des directions opposées, grand-père vers le couchant, l'Italien vers le sud. Ce devait être un homme qui n'aimait pas parler. Il est parti du jour au lendemain, à la déclaration de la guerre, il ne devait pas aimer non plus les Allemands. Quand grand-père m'a prise avec lui, c'est devenu ma cabane. C'est vrai que c'est bien abrité, c'est toujours sec, même les jours de pluie. »

La cabane de l'Italien était en fait un abri de planches, dans un creux de sable sec ; un grand drap en tapissait le fond. Lisa me proposa de m'allonger, la tête contre un morceau de tronc, puis sans façon se coucha près de moi et posa sa tête contre ma poitrine, ferma les yeux, les ouvrit, me sourit, les referma et s'endormit.

Cela devint notre rituel. Le soir même, après un repas encore plus frugal que celui de midi, elle vint dans ma chambre, se coucha près de moi, posa sa tête sur ma poitrine, remua un peu, comme si elle cherchait sa place. Se leva soudain, s'éclipsa, revint dans une chemise de nuit qui descendait jusqu'aux chevilles puis s'étendit tout contre moi. Je n'osais bouger, j'avais refermé mes bras sur elle, mais je sentais bien que c'était elle qui me protégeait. J'ai eu le sentiment de dormir éveillé, n'entendant rien d'autre que le souffle doux de sa présence.

Au matin, j'ai senti mon sexe palpiter contre son corps tout chaud, abandonné, qui au moindre de mes mouvements se blottissait encore plus contre le mien. C'était à la fois tendre et inquiétant. J'ai réussi, avec mille contorsions, à me retourner complètement, à lui tourner le dos, avant qu'elle ne s'éveille. Ce n'était pas la première fois que cela m'arrivait avec mon sexe, mais les autres fois j'étais tout seul dans mon lit, c'était moins gênant.

Plus tard dans la matinée, elle m'envoya chercher du pain, des pâtes et des olives. « C'est sur la rive droite, tu tourneras à droite après le grillage. Tu diras à la boulangère et à l'épicière que c'est pour le grand-père de Lisa, c'est tout. Ils nous connaissent. »

Je savais bien que son grand-père était mort, mais je n'avais pas pour autant l'impression que j'allais mentir. Nous étions les seuls à garder son corps, dans le silence de la maison, et cela me paraissait normal, en échange, d'être nourri par lui.

Quand je revins avec les pâtes, les olives et un bout de saucisson offert par l'épicière, elle lavait du linge dans une petite bassine bleue, qu'elle étendit sur le fil qui courait le long de la maison, en plein soleil.

L'après-midi, nous sommes revenus à la cabane de l'Italien. Aussitôt Lisa s'installa dans le creux, m'appela, se blottit contre moi, me sourit et ferma les yeux. De temps en temps, elle demandait, la bouche collée contre mon cou :

« Je suis bien avec toi, et toi ?

– Moi aussi, je suis bien.

– Vraiment bien, sans mentir ?

– Oui, vraiment bien, sans mentir du tout. »

Nous passâmes tout l'après-midi, jusqu'au coucher du soleil, à être bien, seulement à être bien.

C'était vrai que j'étais bien, mais je ne souriais pas,

j'avais envie de pleurer. Je sentais que sur l'île, pour des raisons inexplicables, le temps se ralentissait, se donnait à nous sans nous bousculer, qu'il créait un espace particulier, unique, et j'avais peur qu'il ne s'accélère à nouveau et qu'il m'emporte loin d'elle.

J'étais bien, j'étais confiant, et c'est peut-être cet état très nouveau pour moi qui me donna le courage de lui demander, vers la fin de ce deuxième après-midi : « Tu peux me montrer ce qu'il y a sous ta jupe ? »

Je n'avais pas eu de sœur, de cousine ou de voisine proche, ce mystère me tenaillait depuis l'école maternelle. Il s'était réveillé quand j'avais vu ses yeux, loin au-dessus des bords frangés de sa jupe, et surtout l'éclair blanc quand elle m'avait enjambé.

Ma question la fit rire : « Tu veux voir comment je suis une fille ? » Et, sans attendre ma réponse, elle souleva à deux mains, avec un geste vif, sa jupe, la leva jusqu'à son menton et je vis le blanc de sa culotte, le rond de son ventre, le fuselé soyeux de ses cuisses. Elle resta silencieuse, attendant peut-être que je lui dise ce que je voyais. Son aisance me donna le courage d'oser exprimer ma vraie demande : « Tu peux me montrer… sans ta culotte ? »

Elle éclata de rire à nouveau, soudain plus joyeuse que je ne l'avais jamais vue jusqu'alors. « Tu veux voir ma zizette alors ! »

Je ne savais pas qu'elle avait une « zizette », j'ai écarquillé les yeux…

« Tu n'as jamais vu de zizette ? »

J'étais paralysé, je devais être tout pâle, je ne savais pas ce qui pouvait arriver. Elle baissa sa culotte, la laissa tomber sur ses chevilles, se tint debout, un genou légèrement plié, un œil qui riait, l'autre légèrement fermé et, la bouche arrondie d'un O parfait, attendit que je lui dise ce que je voyais. Je me suis forcé à baisser les yeux vers elle. J'ai vu un petit renflement qui paraissait doux, satiné, une amorce de fente, comme un petit vallon. Alors j'ai fermé les yeux, penché la tête, soudain honteux de ma demande, ému par sa confiance, étonné de la simplicité de cette situation.

En remontant sa culotte, elle dit seulement : « Tu vois, je suis une fille. Moi je n'ai pas besoin de voir ton zizi, je sais que tu es un garçon. »

J'en fus tout soulagé et reconnaissant.

Soudain, elle se déplaça, alla vers le fond de la cabane. « Attends tu vas voir, je vais te montrer le plus gros diamant du monde. »

Elle déplaça quelques planches, fouilla le sol, creusa le sable avec sa main, sortit une boîte à chaussures enveloppée d'un foulard et me montra un morceau de cristal taillé comme un polyèdre (j'ai su le nom plus tard). Des reflets irisés scintillèrent et des éclats de lumière se déposèrent sur son visage quand elle en présenta les différentes facettes au soleil.

C'est ce soir-là que Lisa et moi construisîmes le début d'un rêve qui devait me porter, me dynamiser sans que je le sache pendant tout le reste de ma vie.

« Un jour, me chuchota-t-elle, blottie contre moi, on achètera une île rien que pour nous deux.

– Tu crois que ceux qui ont une île voudront la vendre ? Moi je crois que quand on a la chance d'habiter une île, on n'a pas envie de la vendre !

– Mais à nous, ils la vendront, j'en suis sûre. On achètera une île sur la mer. On plantera des séquoias et deux palmiers, un pour chacun. On aura une chèvre. Avec une chèvre, m'a dit mon grand-père, on peut se nourrir tous les jours. On aura des poules et un coq, on fera des omelettes aux champignons et des œufs à la coque. »

Lisa organisa ainsi toute notre vie. Je découvrais qu'il existait une autre façon de vivre dont je n'avais eu jusqu'à ce jour aucune idée. Qu'il pouvait y avoir de par le monde des lieux magiques protégés des adultes.

« Dans notre île, tu verras, on pourra pêcher, se baigner tout nus et surtout on pourra apprendre tout ce qu'on veut rien qu'en rêvant. Tu as remarqué que dans les rêves, il y a plein de choses qu'on ne connaît pas, et pourtant elles sont là, dans nos rêves, comme vraies !

– Oui, mais au matin on a tout oublié…

– Nous, on n'oubliera pas, me dit Lisa en me regardant avec une infinie tendresse, nous, on n'oubliera pas. »

Je ne sais à quel moment je me suis endormi, ce fut sa voix qui m'éveilla. « Dans notre île il n'y aura pas de punitions et pas de grandes personnes qui peuvent couper les cheveux d'une petite fille même quand elle ne veut pas… »

Elle se serra encore un peu, devint plus lourde.

« Tu sais, une île c'est comme un morceau du paradis qui s'est détaché du ciel.

– Dans notre île, il y aura des livres, si tu le veux, il y aura beaucoup de livres. Moi, j'ai besoin de lire avant de m'endormir. »

Lisa remonta le long de mon corps, approcha son visage du mien, colla sa bouche tout contre mon oreille. « Les livres, c'est peut-être toi qui les écriras, comme ça on en aura autant qu'on voudra. »

« C'est peut-être toi qui les écriras… »

Elle s'endormit, encore plus proche, encore plus abandonnée. C'est encore elle qui me prit contre elle, en tenant ma tête contre sa poitrine, disant seulement : « Tu es bien ? Ne bouge pas, je dors déjà. » Elle répéta cette phrase plusieurs fois : « Je dors déjà », avant de s'endormir tout à fait.

Au cours de la nuit, sa chemise remonta, s'entortilla autour de ma taille et je sentis son ventre et ses cuisses tout contre moi. Mon sexe tout raide me jouait encore des tours, il vibrait sans arrêt et ne voulait pas se calmer. Je n'arrivais pas à l'apaiser, je ne cessais de lui dire de se tenir tranquille. Doucement, tout doucement, je me suis retourné, tout en maintenant son corps contre moi, veillant à ne pas la réveiller, épouvanté à l'idée d'être rejeté, de la perdre.

J'AURAIS dû être alerté quand au matin du troisième jour, le jeudi, elle me demanda d'aller chez le droguiste chercher du pétrole pour la lampe. « Là, il faudra payer, tu lui donneras trois francs, pas plus. Le droguiste est assez loin, il faut dépasser la prison, puis tourner à droite, juste après la fleuriste. Fais attention, c'est un drôle de type, mais avec toi il n'osera pas. »

Elle me donna l'argent, m'accompagna jusqu'au grillage. J'aurais dû la regarder plus longtemps. J'aurais dû ne pas la quitter. J'aurais dû l'emmener, l'emporter. J'aurais dû la ramener chez nous, à la maison, je suis sûr que ma mère l'aurait adoptée. J'aurais dû oser plus, oser n'importe quoi pour ne pas la perdre. Lui dire qu'elle était importante pour moi.

Plus qu'importante, que je pouvais l'aimer, même si je ne savais pas encore combien je l'aimais.

C'est en revenant vers l'île, plus de deux heures après, que j'ai commencé à avoir peur. Le bidon de pétrole pesait lourd, je le tenais à deux bras et il m'empêchait d'avancer vite. Le grillage était ouvert, comme déchiré. La maison vide. Le corps du grand-père n'était plus dans son lit, la chambre de Lisa aussi était vide, comme dépouillée de toute vie. Toutes ses affaires étaient là, le lit refait, la cuisine propre. J'ai couru à la cabane de l'Italien. Rien. Si, dans la boîte à chaussures ouverte, le plus gros diamant du monde scintillait. Je me sentais perdu, abandonné comme jamais je n'avais pu l'être.

J'ai fait le tour de l'île, la petite barque du grand-père n'était plus là. J'ai attendu un long moment au pied du grillage. Lisa allait revenir, m'expliquer simplement, me dire ce qui s'était passé, nous allions dormir ensemble, encore et encore. J'ai refait le tour de l'île, dans un sens, puis dans l'autre. Peut-être avait-elle pris la barque pour emmener le corps de son grand-père. Mais non, elle n'aurait pu le soulever, le porter, le placer toute seule dans la barque.

Je suis resté. Toute la nuit, ma dernière nuit sur l'île, je l'ai attendue et pourtant je savais que c'était fini. Je savais que la vie, les autres, l'injustice du monde m'avaient enlevé Lisa à jamais. Cette nuit-là, un message terrible martelait ma tête : « Tu n'es pas capable de garder quelqu'un qui t'aime, tu es incapable de retenir quelqu'un qui t'aime. » Car j'étais sûr que Lisa m'aimait.

Je suis rentré à la maison, en revenant par le Pont-Neuf. Un long détour pour traverser le fleuve, retrouver les allées Charles-de-Fitte, toutes les apparences d'un monde que je ne reconnaissais plus. Revoir ma mère, mon frère, mon beau-père, et surtout continuer à essayer de recréer Lisa sous mes paupières fermées. J'avais emporté son diamant, persuadé qu'elle l'avait laissé pour moi. Je l'ai caché dans l'appentis du charbonnier, sous les sacs de charbon, j'ai repris mon cartable.

Une voisine m'a aperçu et a crié : « Marie-Louise, Marie-Louise, venez vite, votre fils est revenu ! Mais où étais-tu passé ? »

TOUS LES JEUDIS de cette année-là, j'ai traversé le pont Saint-Michel, jusqu'à l'île. Le vent d'autan ne m'effrayait plus, Junot non plus. Je n'avais plus peur de lui, peut-être l'a-t-il senti, car je ne fus plus humilié par ses demandes folles.

Le grillage avait disparu, une porte de métal hérissée de fil de fer barbelé en interdisait l'accès et le petit escalier de métal n'était plus là. Je cherchais à distinguer si la maison était de nouveau habitée, tentais de repérer un signe, guettais une présence. Au printemps, je suis même allé chez le droguiste, je lui ai demandé si le grand-père de Lisa achetait toujours son pétrole chez lui.

« Tout ça, c'est fini, ça fait longtemps que je n'ai plus vu la petite Lisa ou son grand-père… »

« TU N'ES PAS capable de garder quelqu'un qui t'aime. » Ce message m'a accompagné longtemps. Je comprends mieux aujourd'hui pourquoi j'ai tant tardé à accepter d'être aimé, de simplement me laisser aimer…

Ainsi, cette année-là, s'est inscrit en moi le goût du désir. Une aspiration qui ne devait plus me quitter. Une aspiration toujours associée à une vague de tristesse, pressentant que le désir est souvent imparfait. Car le goût du désir ne rencontre pas toujours celui du plaisir. J'ai appris à me méfier de la lucidité conduisant à une exigence de soi qui peut désespérer celui qui la porte. Le goût du désir m'habite toujours. C'est quelque chose qui me transporte et me permet, de temps en temps, d'aller vers l'inouï, vers le miracle ou l'embrasement d'une rencontre, vers des échanges en réciprocité, vers plus d'émerveillance. Mais je n'ai garde d'oublier la fragilité des heures et des jours, surtout quand le temps semble s'arrêter.

J'ai appris aussi qu'une perte n'épuise pas l'espoir, que c'est la disparition du souvenir qui tue l'espérance.

J'ai oublié Lisa durant près de cinquante ans. J'ai retrouvé son visage sous mes paupières un matin d'automne, en voyant une petite fille jouer avec les reflets du soleil sur un morceau de cristal, qui devait être le plus gros diamant du monde.

C'est au sanatorium, quatre ans plus tard, que j'ai compris que le bonheur, c'est quand le désir ne s'épuise jamais.

≈

« Les grandes personnes ne comprennent jamais rien toutes seules et c'est fatigant, pour les enfants, de toujours et toujours leur donner des explications. »

ANTOINE DE SAINT-EXUPÉRY

La maladie

C'EST une maladie grave, du moins considérée comme telle à l'époque, qui, autour de mes neuf ans, paradoxalement me sauva la vie : j'ai dû quitter ma famille et donc le quartier, et surtout un enlisement culturel dont je ne percevais pas encore la violence, mais qui m'aurait enseveli, réduit à une médiocrité banale ou rebelle.

JE SUIS parti au sanatorium de Font-Romeu, emmené en ambulance. On avait diagnostiqué une tuberculose osseuse. J'ai été immobilisé dans le plâtre durant quatre ans, des chevilles au cou. Couché toute la journée, j'ai vécu dans un nouvel univers très particulier, ponctué par la prise de température, les repas du soir servis à six heures, avec pour seul traitement l'exposition tous les jours, par tous les temps, au plein air d'une terrasse qui faisait face à quelques-uns des monts les plus beaux des Pyrénées.

J'ai fait, dans ce lieu coupé du monde à mille huit cents mètres d'altitude, quelques-unes des rencontres les plus merveilleuses de ma vie. En premier, la lecture (deux ou trois livres par jour) ; en second, la confiance, puis, dans le désordre, les relations humaines, le partage, la rêverie à plein temps. Ce fut aussi le temps de l'amitié, quand Pâris (il s'appelait Pâris, comme dans l'*Iliade* !), ce garçon, d'un an plus âgé que moi, me rejoignait au plus intime de mes pensées en me posant des questions vitales ou en affirmant ses croyances : « Je crois que notre maladie veut nous dire quelque chose », « Cette maladie va me permettre d'être ce que jamais je n'aurais été », « Comment sais-tu que tu es amoureux ? » (je l'étais de Marianne, une pensionnaire immobilisée, trois étages plus bas, que j'avais entrevue, lors d'une séance de cinéma, quand nos deux lits furent placés l'un près de l'autre).

Un jour, Pâris m'écrivit un billet qu'il me transmit à l'aide d'un bâton muni d'une pince qui nous permettait de nous passer de menus objets : « Si nous guérissons, nous aurons beaucoup de temps à rattraper, si la vie accepte de nous aider ! Je crois que la vie t'aime et tient beaucoup à toi, tu as beaucoup de chance… » Pâris avait des phrases offrandes qui me réconciliaient avec différentes parties de moi-même qui ne s'accordaient pas toujours.

D'autres fois, il prenait plaisir à m'intriguer par son silence, avec des mots muets. Il tournait la tête vers moi, me regardait les yeux grands ouverts, captant ainsi mon attention, faisant irruption dans mes lectures ou mes propres rêveries. Son regard venait me chercher et me délogeait de mon territoire. Alors je le questionnais. Je l'interpellais avec des questions concrètes sur le futur : « Crois-tu que nous allons un jour guérir ? Qu'on redeviendra normaux ? Qu'on retrouvera la vie du dehors, qu'un jour on pourra courir, danser, être aimés ? » Il ne répondait jamais pour l'avenir, il restait centré sur ce que nous vivions au présent et se référait, de façon elliptique, à une dimension invisible qui lui semblait familière.

Avec lui, je me sentais plus intelligent, soudain plus vif, plus présent dans l'instant. Il m'a beaucoup appris. C'est grâce à lui que j'ai lu, entre douze et quatorze ans, l'*Odyssée*, l'*Iliade*, tout Balzac, *Guerre et Paix* et les Américains : Steinbeck, Dos Passos, Hemingway. C'est par lui que j'ai compris qu'un livre avait toujours deux auteurs, celui qui l'avait écrit et celui qui le lisait.

J'ai ainsi survécu, sans savoir que je me construisais aussi. Je n'étais plus le « petit Jacky », l'enfant insupportable qui tourbillonnait dans la vie, à la recherche de son identité. Je devenais, sans le savoir encore, un adolescent timide, effrayé par le dehors, cette vie hors du sanatorium, pleine d'embûches, de traîtrises, de menaces…

ET PUIS, on m'a enlevé mon dernier plâtre, on m'a relancé dans la vie via un centre de rééducation en Alsace. Une sorte de sas entre le monde clos du sana et le monde extérieur. J'étais sur une chaise roulante, je ne savais plus me tenir debout sur mes deux jambes, je ne pouvais plus marcher, j'étais humilié, abattu, dans la révolte. J'avais honte de moi, de mon corps, de mon apparence de gitan déglingué. Noir de cheveux, noir de peau, violence noire dans l'œil, amertume encore plus noire non pas de ne pas être comme les autres, mais de ne pouvoir me reconnaître dans les autres.

J'avais un besoin affamé d'appartenance. J'étais dans une solitude effroyable, comme emmuré dans mes complexes. Doutant intensément de ce présent qui ne correspondait à aucun de mes rêves, qui me paraissait incroyablement décalé par rapport à mes attentes.

≈

Les mots, et surtout les maux du corps,
sont le langage favori des enfants,
avec eux ils tentent de dire l'indicible
ou l'insupportable.

L'inguérissable blessure de l'enfance

On ne peut se séparer de ses enfances, encore moins y renoncer. Elles vont rester présentes en nous jusqu'à la fin, jusqu'au bout, jusqu'à l'ultime moment du passage vers ailleurs.

Elles sont à la fois le terreau et les racines de notre existence, le berceau indestructible de toutes nos relations à venir. Elles vont être nourries ou fragilisées en fonction de l'impact de nos rencontres, pertes, séparations, stimulations ou agressions, qui vont surgir à l'un ou l'autre moment de notre vie d'enfant.

Le temps de mes enfances, je le sens, se prolongera encore de nombreuses années en moi et certainement autour de moi. Comment vais-je oser dire le moment précis où j'ai cru, durant quelques mois, que mes enfances allaient disparaître, s'évanouir à jamais ?

Ce fut le jour (j'avais vingt-trois ans) où ma femme m'annonça qu'elle était enceinte. Devant mon incrédulité, comme si cela était impossible puisque impensable pour moi – vu qu'à cette époque, marié depuis quelques mois, je ne faisais aucun lien entre ma vie sexuelle et la procréation ; j'avais la naïveté de croire que lorsque je faisais l'amour, je ne faisais *que* l'amour, sans autre projection au-delà de l'instant présent –, elle m'assura même connaître le jour et le moment exacts où l'enfant qu'elle portait avait été conçu : « Mon corps s'en souvient bien, je l'ai senti, même si je n'ai pas de mots pour le dire et encore moins pour te le dire. » J'ai découvert à partir de cet événement, que j'allais être papa, puis père, que soudain j'allais changer de génération et donc quitter définitivement mon temps d'enfance, devenir un vrai adulte, chargé de responsabilités et être partie prenante d'une vie qui avait certainement besoin de moi pour se construire.

C'était une fausse alerte, non pas la grossesse de ma femme, elle portait bien dans son ventre notre première fille. Mais une fausse alerte par rapport à ma croyance que, en devenant père, j'allais quitter l'une et l'autre de mes enfances. Je devais découvrir très vite que tous les enfants, et surtout ceux que nous avons conçus, sont d'une habileté incroyable pour réveiller, remettre au jour, réactualiser sans cesse l'ex-enfant qui est toujours en nous !

C'est ainsi qu'à soixante-quatorze ans, quelques-unes de mes enfances multiples naviguent toujours en moi, remises au jour par l'un ou l'autre de mes enfants et depuis quelque temps par l'un ou l'autre de mes petits-enfants.

La chaîne est infinie, et se prolongera certainement longtemps encore. Parfois, l'une de mes enfances fait escale au plein d'un amour, ressurgit dans un rêve, illumine un projet ou se transforme en tempête dans les moments les plus imprévisibles d'une relation qui s'annonçait paisible. Certaines cherchent le vent d'une amitié, suivent le cap d'un rêve qui se dérobe sans cesse, s'invitent sans aucun état d'âme au grand banquet des souvenirs.

NOS ENFANCES sont semblables à des bombes à retardement dont certaines peuvent éclater tôt et d'autres sont capables d'attendre avec patience le moment où elles vont imploser en nous.

J'en suis là pour l'instant. Pour l'instant.

≈

« La vie est une succession d'enfances
à n'en plus finir. »

JEAN-PAUL FILION

Résonances

Ce n'est que plus tard, beaucoup plus tard, devenu père plusieurs fois, que je compris combien mes enfances se sont prolongées, sans que j'en prenne conscience, dans la vie de mes propres enfants.

Quand ma fille cadette fut renversée par une voiture et resta quinze jours dans le coma.

Quand ma fille aînée s'arrangea pour quitter un milieu scolaire trop dévalorisant pour elle en déclenchant une primo-infection qui l'obligea à séjourner en préventorium où elle s'affirma et retrouva plus de confiance en elle. « Quand je suis arrivée dans ce collège où la conseillère pédagogique avait suggéré à maman de m'inscrire, personne n'avait compris que je n'étais pas acceptée ou simplement reconnue, parce que je n'étais pas du même milieu que tous ces enfants de cadres de la pétrochimie. Toutes mes copines, les vraies, celles qui m'aimaient, étaient restées dans mon collège d'origine… »

Quand le deuxième de mes garçons, avec beaucoup de constance, déclencha des rejets chez ses frères et sœurs au point qu'ils envisagèrent à de nombreuses reprises de l'éliminer, de le trucider. « On voulait se débarrasser de lui, il était vraiment trop insupportable... » Trop « chiant » fut le terme exact.

Quand mon fils aîné fugua durant plusieurs jours, pour répondre à son besoin de désobéir, « d'arrêter de toujours obéir ».

Quand ma benjamine hésita longtemps, longtemps à donner la vie à un enfant. « J'avais peur que maman me le prenne, l'accapare, je voulais un enfant à moi, pas à elle... »

C'EST en échangeant aujourd'hui avec eux que je découvre la vie secrète, l'imaginaire, les souffrances qui les habitaient et auxquelles ils faisaient face sans en parler, avec leurs propres moyens, avec des ajustements ; que j'entends quelques-uns des conflits douloureux qui ont irrigué leur vie. J'ai regretté de n'avoir pas échangé avec eux plus souvent, plus tôt sur mes diverses enfances.

≈

« ... les enfants, c'est pas sorcier,
ça pousse à travers nos erreurs. »

CHRISTIAN BOBIN

Sortir de l'enfance

J'AI TENTÉ plusieurs fois de m'évader de l'une ou l'autre de mes enfances. De sortir du cercle répétitif des conduites de soumission ou des comportements d'opposition dans lesquels je m'enfermais trop souvent. De renoncer à fuir dans les dérives d'un silence qui me coupait de tout. Pour découvrir au final qu'il faut savoir se débrouiller tout seul sans qu'on sache trop bien comment s'y prendre au juste, sans qu'on en ait envie réellement, même si on le proclame à tue-tête !

Accepter de rester debout, de faire face à l'imprévisible, sans le regard, le soutien ou l'assistance d'un être connu, avec un sentiment d'incrédulité quand nous découvrons que nous survivons quand même, puis petit à petit que nous allons vivre et peut-être, plus que seulement vivre, que nous allons changer la vie autour de nous. Quand nous percevons que nous sommes des êtres avec des capacités d'apprentissage infinies, des ressources inestimables et aussi des vulnérabilités qui peuvent devenir des tremplins. Et que, plus souvent qu'on ne l'imagine, nous sommes doués de grandeur.

JE FUS longtemps un enfant perdu, flottant au milieu des étoiles de mes rêves, n'arrivant pas à trouver une direction, gourmand de la vie, me voulant désintéressé et cependant attaché à une certaine image de moi qui réclamait d'être reconnue, appréciée, aimée.

Je reste au fond de moi attentif à l'enfant qui m'habite toujours. À l'écoute de ses besoins, vigilant à ses interrogations, veillant à respecter les manifestations de sa présence.

≈

« Une vie, c'est autant d'enfances qu'il y a de journées. »

JEAN NADEAU

La fin provisoire des enfances

JE NE SAIS si certaines enfances ont une fin, mais je sais que le début de la fin de quelques-unes des miennes commença pour moi à dix-neuf ans.

Quand mon corps s'ouvrit dans les bras de M. et fut accueilli par son ventre doux.

≈

« À son âge il aurait dû le savoir,
mais ce sont des choses qu'on a du mal à admettre.
C'est pourtant ce qui sauve le désir,
cette envie de rentrer dans la lumière de l'autre,
d'y trouver de quoi se rassurer
ou simplement la force de prendre tous les risques. »

MICHÈLE LESBRE

≈

« Délivrer un peu le passé de sa répétition, voilà l'étrange tâche.
Nous délivrer nous-mêmes – non de l'existence du passé – mais de son lien, voilà l'étrange et pauvre tâche ?
Dénouer un peu le lien de ce qui est passé, de ce qui s'est passé, de ce qui se passe, telle est la simple tâche.
Dénouer un peu le lien. »

PASCAL QUIGNARD

≈

Table

Lettres à l'intime de soi

Je t'appelle Tendresse

Je croyais qu'il suffisait de t'aimer...

Minuscules aperçus sur la difficulté d'enseigner

Minuscules aperçus sur la difficulté de soigner

Toi mon infinitude (calligraphies de Hassan Massoudy)

N'oublie pas l'éternité

Paroles de rêves (photographies de Vincent Tasso)

Pensées tendres à respirer au quotidien
(calligraphies de Lassaâd Metoui)

Contes d'errances, contes d'espérance

Pourquoi est-il si difficile d'être heureux ?

CHEZ D'AUTRES ÉDITEURS

Supervision et formation de l'éducateur spécialisé (épuisé),
Privat

Relation d'aide et formation à l'entretien,
Septentrion

Parle-moi... J'ai des choses à te dire, Éd. de l'Homme

Apprivoiser la tendresse, Jouvence

Si je m'écoutais, je m'entendrais
(en collaboration avec Sylvie Galland), Éd. de l'Homme

Aimer et se le dire
(en collaboration avec Sylvie Galland), Éd. de l'Homme

Jamais seuls ensemble, Éd. de l'Homme

Une vie à se dire, Éd. de l'Homme

Le Courage d'être soi, Le Relié, Pocket

Au fil de la tendresse
(en collaboration avec Julos Beaucarne), Ancrage

Inventons la paix, Librio

L'Amour et ses chemins
(en collaboration avec Catherine Enjolet), Pocket

Passeur de vies, Dervy, Pocket

Car nul ne sait à l'avance la durée d'un amour, Dervy

Chaque jour… la vie, Éd. de l'Homme

Un océan de tendresse, Dervy

Mille et un chemins vers l'autre, Le Souffle d'Or

Découvrir la communication relationnelle dès l'enfance
(en collaboration avec Kathleen Geerlandt), Jouvence

Je mourrai avec mes blessures, Jouvence

Vivre avec soi, Éd. de l'Homme

Vivre avec les miens, Éd. de l'Homme

Vivre avec les autres, Éd. de l'Homme

Écrire l'amour, Dervy

Si on en parlait ?, Jouvence

Et si nous inventions notre vie ?, Le Relié

Inventer la tendresse, Bachari

À qui ferais-je de la peine si j'étais moi-même ?
Éd. de l'Homme

Aimer, c'est plus que vivre, Trédaniel

Composition IGS-CP
Impression CPI Bussière, en septembre 2009
Éditions Albin Michel
22, rue Huyghens, 75014 Paris
www.albin-michel.fr

ISBN 978-2-226-18772-7
N° d'édition : 25991. – N° d'impression : 092408/4.
Dépôt légal : octobre 2009.
Imprimé en France.